COMUNICACIÓN
PARA PYMES

NADIA CARACCIOLO

COMUNICACIÓN PARA PYMES

Cómo y por qué invertir en una gestión de prensa

lectorum
ugerman

México - Miami - Buenos Aires

Caracciolo, Nadia
    Comunicación para pymes : como y porqué invertir en una gestión
de prensa. - 1ª ed. - Buenos Aires : Lectorum-Ugerman, 2011.
    150 p. ; 23x15 cm.

    ISBN 978-987-1547-08-1

    1. Comunicación. I. Título
    CDD 302.23

Fecha de catalogación: 14/07/2010

Diseño de tapa e interior: DG *Pablo Ugerman - www.ugrdesign.com.ar*
Corrección: *Ana Casares*

© 2011, by LECTORUM-UGERMAN de LECTORUM S.A.
Ituzaingó 1151 - P.B. "8"
(1272) Capital Federal
Buenos Aires - Argentina
Telefax 011.4362.2107
info@lectorum-ugerman.com.ar
lectorum-ugerman@netizen.com.ar

LECTORUM S.A. de C. V.
México, D. F.
ventas@lectorum.com.mx

L. D. Books Inc.
Miami - Florida
sales@ldbooks.com

Primera edición: Enero 2011

Hecho el depósito que marca la ley 11.723

ISBN 978-987-1547-08-1

Esta edición consta de 1.500 ejemplares más demasía para promoción.

IMPRESO EN MÉXICO
PRINTED IN MÉXICO

AGRADECIMIENTOS

Quiero agradecer a todos aquellos que estuvieron conmigo durante la escritura de este libro y me acompañaron a lo largo de este proceso: a mi amigo Marcelo Berenstein, por ser tan diferente a mí y gracias a eso enseñarme tanto; a todas las personas que trabajaron y trabajan en PR Ideas, mi agencia de comunicación, por ayudarme con las tareas del día a día y liberarme el tiempo necesario para poder hacer este libro; a Betina Bensignor, mi coach en redacción, por llevar mis ideas a las palabras justas; a Marta y Guillermo, mis padres, por haberme mostrado el mundo cada uno a su manera; a Marina y Diego, mis hermanos, quienes me acompañan en el crecimiento y aprendizaje de la vida y especialmente a Nicolás el dueño de mi amor y mi sostén cada día.

También quiero agradecer muy especialmente a quienes participaron de este libro con su aporte a través de testimonios y ejemplos de casos reales; ellos son: Natalia Martini, Jonathan Baldovino, Leandro Zanoni, Claudio Plá, Matías Botbol y Pablo Gaspar.

Nadia Caracciolo

Licenciada en Comunicación Institucional, Nadia se desempeñó en diversas consultoras integrales manejando las relaciones públicas de empresas como Turner Broadcasting System (CNN, TNT, Cartoon Network, y Boomerang); Unilever, Hilton Buenos Aires, Lycra, Fashion Buenos Aires, Nivea, Mattel, TGI Friday´s, Swiss Medical Group y Body Systems, entre otras.

Son su especialidad los asuntos de Comunicación Institucional Externa, Relaciones con la Comunidad, RSE, Campañas de Concientización, Posicionamiento de Marcas y Gestión de Prensa.

Actualmente está a cargo de la dirección y coordinación de PR IDEAS, su propia agencia de prensa y comunicación.

En PR IDEAS se concibe la comunicación corporativa como una herramienta fundamental en la construcción de la identidad de una marca y su posicionamiento en los medios masivos, entendiendo a éstos como uno de los principales formadores de opinión pública. Mediante la creación e implementación de programas de comunicación, enfocados en las necesidades de las organizaciones, se disponen de todas las herramientas necesarias para construir una identidad corporativa uniforme y alcanzar la percepción de imagen buscada. Con su Core Business puesto en la generación de ideas innovadoras aplicadas al área de las comunicaciones institucionales, PR IDEAS concentra sus esfuerzos en la comunicación para emprendimientos, PyMes, franquicias, centros gastronómicos, hoteles/resorts & spas, organizaciones y empresas relacionadas con la salud, belleza, estética corporal, así como organizaciones que promueven la formación y entretenimiento de niños. Para conocer más sobre PR IDEAS, visite www.prideas.com.ar.

ÍNDICE

CAPÍTULO 3
Comunicación para PyMES. 77

Las PyMEs y los emprendimientos representan uno de los sectores económicos con mayor potencial de crecimiento en la Argentina de hoy. Su mercado en expansión y la cantidad de empresas de este tipo que se registran día a día nos motivan a considerar su potencial y pensar en ellas no sólo como una sólida propuesta sino como un nuevo foco de desarrollo económico y alternativa laboral ante los constantes cambios que sufre la economía local. Es por ello que cada vez más profesionales de las relaciones públicas se replantean la posibilidad de desarrollar, en torno a estas micro-empresas, programas de comunicación integrales y a largo plazo, que puedan acompañarlas en su largo camino evolutivo y afianzar su crecimiento.

Por supuesto que esta comunicación tiene grandes diferencias con la comunicación diseñada para grandes corporaciones, ya que tiene como principal objetivo el de ir al ritmo del emprendimiento, con un desarrollo progresivo, y al mismo tiempo representa un desafío aún más grande para los profesionales que toman las riendas de su campaña comunicacional.

En este libro, trataremos de explicar los mitos y realidades de la comunicación aplicada a las PyMEs, cómo debe entenderse el trabajo de Prensa y el de Relaciones Públicas para este tipo de empresas, conoceremos qué potencial tiene un emprendimiento para ser explotado desde la comunicación y cuán importante es, para la buena salud de una empresa, tener un plan de relaciones públicas, aún siendo una PyME.

CAPÍTULO 1

Qué es la Comunicación

Nuestra época histórica está signada por una característica fundamental que marca un salto vertiginoso de la humanidad. Esa cualidad que la distingue de todos los momentos históricos anteriores se basa en la posibilidad de conectarse en forma inmediata con cualquier punto del planeta, ya sea en forma escrita, auditiva o visual. Esto es lo que le vale el nombre de la ERA DE LAS COMUNICACIONES.

Pero, ¿alguna vez se preguntó qué es la comunicación?, ¿todos estamos comunicados?, ¿es necesaria la tecnología para comunicarse?, ¿cómo puedo comunicarme con mis clientes?, ¿cómo puede contribuir la comunicación a aumentar las ventas y las ganancias de mi PyME?

En primer lugar, me gustaría desarrollar el concepto básico, es decir, qué es la comunicación, para luego desplegar toda la gama de estrategias y herramientas que optimizarán la imagen, presencia, inclusión y ventas de su PyMe en el mercado.

Puede estar seguro de que una vez que integre los conocimientos básicos de comunicación le resultará natural aplicarlos en todas las gestiones internas y externas de su empresa.

Cuando decimos comunicación no nos estamos refiriendo a un sustantivo sino, fundamentalmente, a un verbo: comunicar. Se trata de una acción humana social, intencional, compleja y significativa que puede ser interpersonal, grupal, institucional, de masas, estratégica, espontánea, publicitaria, consciente o inconsciente.

Un aspecto fundamental consiste en que, más allá de lo que hagamos, siempre estamos comunicando, ya sea que entablemos un diálogo con un interlocutor o que mantengamos un silencio imperturbable: con o sin palabras estaremos manifestando nuestra actitud y nuestra presencia en el mundo.

Cómo será eso decodificado por los demás merece un análisis posterior, el hecho es que aun cuando creemos que no estamos realizando nada para comunicarnos lo estamos haciendo. Esta es una premisa básica que le será muy útil recordar a lo largo de la lectura de todo este libro y tener en cuenta en cada decisión corporativa.

Las teorías clásicas describen el proceso de comunicación a partir de sus componentes básicos:

» Emisor
» Mensaje
» Canal
» Receptor

Aquí la palabra *proceso* ocupa un lugar central, dado que se trata de un fenómeno dinámico que presenta una continua modificación a lo largo del tiempo, y los factores que lo componen son los eslabones que determinan el cumplimiento o no de la comunicación, ya que la falta de uno de ellos indica que el proceso no se concretó.

Por otra parte, los expongo aquí para su comprensión en forma separada, pero es necesario aclarar que éstos están siempre relacionados entre sí e interactúan en un todo indivisible.

A continuación, describo brevemente los componentes del proceso de comunicación:

El *emisor* es la persona o grupo de personas que transmiten un mensaje elaborado en un código tal que resulte comprensible para el destinatario.

El *mensaje* es un producto físico que contiene elementos estructurados a través de un código (lingüístico, gestual, audiovisual, escrito, etc.) que posee significado para alguien.

El *canal* es el medio a través del cual se transmite el mensaje y generalmente reúne a múltiples vehículos. En el caso de un diálogo entre dos personas, el canal se refiere tanto a la laringe del emisor como al aire a través del cual viajan las palabras y al oído del receptor.

El *receptor* es el destinatario de la comunicación, por lo tanto es quien completa el proceso. Por esta razón debe compartir el código elegido por el emisor para poder decodificar el mensaje.

Origen y evolución de la comunicación

La historia de la comunicación se inicia a partir de la era de los signos y las señales que le dan al hombre prehistórico la posibilidad de comunicarse entre sí. Las respuestas aún no marcan comportamientos de aprendizaje sino más bien instintivos, razón por la cual no podemos aún denominarla comunicación en un sentido estricto.

Es a partir de la evolución de las capacidades intelectuales que el hombre llega a desarrollar un lenguaje comunicativo y que este proceso de intercambio es aprendido, ampliado y transmitido a las siguientes generaciones, permitiendo establecer las bases sociales y de regulación de la vida comunitaria en distintos lugares del mundo.

Tal es la importancia de la adquisición del lenguaje que marca el fin de la prehistoria y el comienzo de la historia.

Unos 35.000 años más tarde del comienzo de la historia (y del lenguaje), con el desarrollo de la agricultura y la necesidad de realizar cálculos más complejos, nace en la región mesopotámica la escritura, por ese entonces basada en pictogramas o pequeños dibujos que representaban los conceptos a transmitir. Progresivamente se van generando nuevos signos para conectar diferentes conceptos o representar pronombres y acciones.

De tallar en la piedra a hacerlo en tablas de cerámica, madera o metal hubo un solo paso, de hecho el primer periódico impreso apareció en Pekín y estaba tallado en madera.

Hacia el siglo XV se produce un hecho en la historia de los inventos que va a revolucionar a la humanidad hasta nuestros días: la creación de la imprenta.

En realidad se trata de un múltiple invento, desarrollado por Johannes Gutenberg luego de perfeccionar técnicas y materiales ya existentes en Francia y Holanda, cuyos antecedentes más lejanos se remontan a China en el siglo XI.

La gran genialidad de la técnica de este orfebre alemán consistió en reunir en una misma maquinaria los caracteres móviles con dimensiones precisas, el papel, la tinta y la prensa, que le permitió realizar copias de libros, que hasta

Tablilla de Biblos
(siglo XVI a. C.)

entonces eran manuscritos, con una velocidad inédita. Por otra parte, en aquel momento histórico sólo los monjes sabían escribir y eran por lo tanto los únicos que tenían el manejo de los conocimientos. La creación de la imprenta marca un importantísimo hito en la democratización de la información.

Lo primero que se imprimió, luego de la Biblia y libros que hasta entonces permanecían vedados a los ciudadanos comunes del pueblo durante esa primera etapa, fueron los periódicos, que salían a la venta como hojas de anuncio y costaban una gazzeta, moneda local de Venecia. Posteriormente, esa referencia monetaria pasa a ser el nombre con que se conocen actualmente muchos comunicados oficiales y diarios de noticias.

Desde aquel entonces y hasta finales del siglo XVIII hubo variaciones, más de tipo social y político que tecnológico, en las comunicaciones, especialmente las escritas, de las que tal vez sólo valga la pena nombrar la aparición de las primeras agencias informativas.

Con la revolución industrial comienza una nueva era que va a desembocar en un concepto hasta entonces inédito en nuestra área de interés: la comunicación de masas. La invención del telégrafo, el teléfono, el auto a motor, el desarrollo de los medios de transporte y de una red de caminos y vías de acceso, y más tarde la creación de la radio, el cine y la TV hacen que la comunicación cobre protagonismo en la vida de cada persona, formando parte infaltable de la vida familiar, social y cultural.

La comunicación en la era digital

Cambios que introdujo Internet en la era de la comunicación digital

Uno de los cambios más profundos está representado por la comunicación "fuera del tiempo". Esto significa que el tiempo cronológico quedó desdibujado en virtud de la posibilidad de acceder a las temáticas de búsqueda en una

---

Hitos en la evolución de la comunicación

- 15.000 Pinturas rupestres. Altamira, Lascaux, Rocas de Sahara, África del Sur.

- 5.000 Escritura ideográfica sumeria.

- 3.000 Escritura cuneiforme sumeria.

- 3.100 Escritura pictográfica sumeria.

- 2.900 Escritura jeroglífica egipcia.

- 2.500 Escritura ideográfica china.

- 1.000 Los fenicios crean un alfabeto sencillo.

- 700 Escritura fonética griega basada en el alfabeto fenicio. Agregan las vocales.

- 500 Primera escritura jeroglífica en México.

- 400 Surge en India la escritura brahmi, base de todas las escrituras indias y de Asia oriental.

- 300 En Egipto se reemplaza el papiro por el pergamino.

- 200 En China comienza a fabricarse el papel de seda.

+ s. I El alfabeto romano se impone en Europa a través del cristianismo. Último registro de escritura cuneiforme.

+ s. II En China se crea el papel.

+ s. IV En Europa se reemplaza el papiro por el pergamino.

+ s. V El libro reemplaza al rollo.

+ s. VI Surge la imprenta en China.

+ s. VIII Arabia adopta la tecnología de la fabricación de papel en Samarcanda. En China se edita el primer libro.

+ s. X En China se utilizan tipos de imprenta móviles de arcilla, luego de madera y más tarde de cobre y bronce.

+ s. XII Los árabes introducen el papel en Europa.

+ s.XII y XII El Imperio Romano Germánico difunde los caracteres góticos.

+ S. XV Gutenberg perfecciona la imprenta.

+ s. XV . España, Bélgica, Suiza, Hungría, Inglaterra, Polonia y Bohemia instauran las primeras imprentas en Europa. Se imprime el primer libro en Europa: La Biblia.

+ 1544 Se introduce la primera imprenta en América.

+ 1609 Creación del primer periódico moderno en Alemania.

+ 1631 Se funda el periódico Gazette de France.

+ 1695 Se suprime la censura en Inglaterra, favoreciendo el desarrollo de la edición de periódicos.

+ 1704 Se publica en Londres el primer diario mundial.

+ 1794 En Francia se transmite el primer mensaje por telégrafo óptico a distancia.

+ 1803 Baskerville produce papel en rollo para la imprenta rotativa.

+ 1809 Fabricación de plumas estilográficas.

+ 1837 Samuel Morse crea el telégrafo moderno.

+ 1844 Se aplica el alfabeto creado por Morse en los mensajes telegráficos.

+ 1854 David Huges construye un telégrafo que transforma impulsos eléctricos en letras impresas.

+ 1840 Se fabrica papel con pasta de madera.

+ 1880 Aparece el linotipo.

+1895 Georges Melies distribuye primitivos filmes en París.

+1898 Primeros experimentos de transmisión de impulsos eléctricos sin hilos.

+1876 Alexander Graham Bell solicita la patente del teléfono.

+ 1898 Marconi logra unir señales de radio entre Inglaterra y Francia.

+ 1920 Primer espectáculo radiofónico en Londres. Se da a conocer el teletipo.

+ 1939 Primera emisión de televisión.

+ 1950 Difusión de la televisión.

+ 1969 Primera transmisión televisiva desde la Luna.

+ 1970 Se crean protocolos usados para la transferencia de información en Internet.

+ 1980 Nacen grupos de discusión USENET y el correo electrónico (e-mail).

+ 1993 Existen 130 sitos web en Internet.

+ 1998 Existen 2.200.200 sitios web en Internet. Aparición del primer libro digital.

+ 2004 Las sondas Spirit y Opportunity envían fotografías e información científica desde el suelo marciano.

suerte de archivo global que nos permite buscar por tema y no por fecha, en tiempo real o en diferido. Del mismo modo que un mail llegará a destino más allá de dónde se encuentre nuestro destinatario y, a diferencia del teléfono, esta comunicación nunca dará "ocupado".

Con la web, los costos de comunicación se ven reducidos notablemente, desde el envío de materiales de trabajo, la difusión de información masiva, la conexión persona a persona a través de mails o teléfonos vía computadora hasta el pago electrónico y los trámites por esta vía que permiten, además, ahorrar tiempos y procedimientos.

Con respecto al target, el gran cambio radica en el pasaje de público, oyente o lector a "usuario", es decir, de receptor pasivo a activo. En la actualidad es posible adaptar los mensajes y contenidos hasta ajustar el foco en una audiencia tan personalizada que puede llegar a cada usuario en particular. Un ejemplo de esto son las versiones digitales de diarios masivos, que sólo envían las secciones de interés solicitadas por el usuario. Otro ejemplo del rol activo del usuario es que puede él mismo subir noticias en formato texto o video a los blogs y sitios web de información. Un caso ilustrativo de la especialización de audiencia que permite este medio electrónico es la generación de comunidades o grupos de interés que nuclean a usuarios por afinidad, aumentando la plataforma de diferenciación para acceder a potenciales clientes.

La era electrónica ofrece todos los medios en uno. La posibilidad de disponer de formato escrito, imagen, audio y video en una misma comunicación, potencia los beneficios y multiplica exponencialmente las posibilidades comunicativas.

Internet es un medio de comunicación ilimitado, lo que significa que en gran cantidad de casos no hay impedimentos de espacio para publicar artículos, así como no tiene las restricciones del "minuto de aire", conocido tirano de la televisión que condiciona el estilo y la cantidad de información admisible para transmitir. Con la posibilidad de la actualización permanente, el límite de tiempo de transmisión prácticamente se ha desdibujado, pudiendo transmitir on line sucesivos informes sin afectar el tiempo, el espacio ni el costo.

Gracias a la red es posible acceder a fuentes de información antes limitadas a profesionales directos del área. Un paciente podrá tener acceso a información médica de excelente calidad y tomar parte activa del conocimiento de su estado de salud. Del mismo modo, estudiantes y profesionales obtienen información (algunas veces confiable y otras de dudosa calidad) prácticamente sin censura ni intermediarios para desarrollar sus tareas específicas, presentar trabajos académicos, publicar artículos o interactuar con colegas de otras latitudes.

La comunicación electrónica permite un feed-back inmediato y de largo alcance, lo que ofrece mejores posibilidades de satisfacción al cliente a nivel regional tanto como global.

Heredera de la cultura de la inmediatez, la posibilidad de saltar de un enlace a otro dentro o fuera de un mismo sitio a través de hipervínculos acompaña la velocidad de cambio, el dinamismo propio de los nuevos lenguajes comunicativos y la superposición temática característica de la "generación del zapping".

Por último, en esta vasta red todos somos protagonistas. Si bien gran cantidad de veces está afectada por las consecuencias de cierto anonimato y falta de contacto visual entre los usuarios, las innumerables ventajas de la comunicación digital hacen de Internet la herramienta más poderosa y revolucionaria que sigue transformando el mundo de las relaciones, los negocios y la comunicación.

Qué es la imagen

Identidad e imagen de empresa

La imagen está definida por el diccionario como la representación o idea de una persona o cosa. Y dentro de sus acepciones, la especificación de imagen pública se describe como el conjunto de rasgos que caracterizan a una persona o entidad ante la sociedad.

Ya sea personal o corporativa, la imagen es siempre un activo de gran valor que se califica por su calidad y no por su cantidad. Por ejemplo: no es correcto decir que una empresa tiene más o menos imagen que otra, sino que tiene mejor o peor imagen, y esa calidad sí se puede medir en cantidades o proporciones.

Una empresa, un candidato político o una organización no gubernamental, por ejemplo, pueden realizar una investigación que les indique: qué lugar ocupan en la mente de sus públicos objetivos, qué porcentaje de imagen positiva tienen y qué cantidad de personas reconocen en ella atributos diferenciales con respecto a otras organizaciones; pero no pueden implementar ningún sistema de medición para determinar en números "cuánta" imagen tienen, sino cuántas personas consideran que tiene una buena imagen. Esto sucede ya que la imagen surge de la representación mental que otras personas tienen de la empresa y no de lo que la empresa es en sí misma.

Es por ello que la imagen pública requiere el máximo cuidado y adaptación permanente a las constantes modificaciones de la realidad particular y social. Desde este punto de vista, la imagen es parte de todos los bienes tangibles e intangibles de una empresa, institución o individuo y por lo tanto repercute en sus utilidades.

Cada persona que trabaja en una empresa es portavoz de la vida interior y el funcionamiento de la organización; en consecuencia, es fundamental que transmita hacia el exterior referencias positivas, tanto del producto o servicio como de los vínculos y condiciones de trabajo.

Un concepto importante a tener en cuenta es que, además, quienes trabajan en una empresa son la imagen de ella. Su modo de vestir, de comunicarse, de interactuar estará hablando de la organización en la cual se desempeñan más allá del contexto en que se encuentren. Significa que una reunión social, un evento deportivo, un trámite aduanero, serán oportunidades en las que el lugar de trabajo se revelará como parte de su identificación. Será necesario para la empresa, por lo tanto, contar con colaboradores cuya imagen personal sea afín a la imagen corporativa, es decir, que la representen.

Con frecuencia la imagen personal es asociada a los rasgos físicos y a la vestimenta. Sin embargo, éstos son sólo algunos de sus componentes; otros de ellos son:

» La postura corporal.
» Los gestos y movimientos al desplazarse,
al saludar o durante la conversación.
» El modo de hablar, el tono y las inflexiones de la voz.
» La mirada.
» La sonrisa.
» La higiene personal.
» La educación y la observación de las reglas de cortesía.
» El lenguaje y el estilo de expresión.

Antes de responder a un saludo o de comenzar a hablar, una persona está transmitiendo información valiosa acerca de sí misma y de su estilo particular de ser y de relacionarse.

En concordancia con el refrán popular que afirma que "no hay una segunda oportunidad para brindar una primera impresión", los primeros cinco minutos de contacto con otra persona son determinantes de la imagen que el interlocutor se llevará.

En primer lugar, la clave de una buena imagen no se basa en una receta o una fórmula, sino en un precepto básico para todas las actividades que se desarrollan en la vida, dentro y fuera de la empresa: sentirse a gusto para estar seguro de uno mismo. Y se transmite de una manera coherente cuando, además, existe una correlación armónica entre el aspecto exterior, el tono de voz, los gestos y la vestimenta.

Esto que parece tan simple, a menudo es descuidado cuando algunas personas se enfocan más en estar estrictamente adaptados a los cánones de la moda desoyendo las características y necesidades estéticas particulares. Como síntesis de este punto y para ejemplificar, podría afirmarse que unos zapatos finísimos comprados en la tienda más prestigiosa nunca compondrán una buena imagen si su horma no se adapta a nuestros pies o si el alto de sus tacos nos impiden caminar fluidamente y con gracia.

La comodidad no es un aspecto menor, ya que una ropa ajustada o incómoda afectará negativamente nuestra concentración y la conexión que podamos establecer con lo que sucede en una reunión de trabajo.

Parte de este sentirse a gusto implica el que una persona se sienta identificada con el producto o servicio que ofrece la empresa para la cual trabaja. Este es el modo más directo de ser un promotor espontáneo de la firma, difundiendo una imagen positiva en forma natural y sistemática en todo su entorno. También los clientes obtienen esta imagen en forma inmediata a través de cada uno de los representantes de la organización, se vinculen o no en forma directa con ellos.

La imagen de empresa se compone a partir de diversos factores y su especificidad puede resumirse como la percepción que el público tiene a partir de su organización, su cultura, su filosofía, su público interno, su identidad y su personalidad corporativa, lo que en otros términos equivale a la idea global que se tiene sobre sus productos y marcas, sus actividades y su conducta.

A través de su imagen, la empresa transmite quién es, qué hace y cómo lo hace. Para lograrlo, se vale de los elementos comunicacionales que hacen a su identidad corporativa tales como: isologotipo, folletería, papelería, tarjetas personales y corporativas, sitio web, manual operativo o de normas y procedimientos, vestimenta o uniformes, transporte, decoración, cartelería y mobiliario de las oficinas, depósitos y vidrieras; y de las estrategias de comunicación basadas en publicidad, promoción, relaciones públicas y prensa.

Es necesario aclarar que la imagen de una empresa no depende únicamente de una construcción elaborada y desarrollada por ésta, sino que intervienen, además, factores externos tales como la información y opiniones que difunden los medios de comunicación, los sindicatos, ONGs y organizaciones afines, personas altamente influyentes como los líderes de opinión, el gobierno, las instituciones religiosas, las organizaciones políticas y las educativas.

Diferencia entre imagen y reputación

La reputación de una organización es el resultado de la comparación entre la imagen de una empresa y lo que el individuo considera que deben ser los valores y comportamientos ideales para ese tipo de empresa. Es decir que la reputación va un paso más allá de la imagen, ya que involucra la propia crítica del individuo en relación con sus creencias, experiencia y conocimiento. Por consiguiente, no se trata de la imagen de una organización, sino de una valoración que se efectúa sobre dicha imagen. Podríamos decir también que la imagen es una sola, mientras que la reputación tiene tantas versiones como personas que la están juzgando.

La reputación, por lo tanto, es un capital enormemente valioso para la empresa y requiere de mucho más esfuerzo para mantenerla en alto, ya que además de ocuparnos de la organización y su imagen, de nuestra pericia profesional depende cómo ésta es vista por millones de públicos diferentes

Es importante aclarar que la reputación no se logra mediante una campaña de comunicación, sino que es un valor que se construye planificadamente, e implica una gestión eficiente en forma permanente.

La reputación está vinculada con la estimación de los diversos públicos que tienen relación con la empresa. Ellos son:

1. La reputación comercial: además de su relación con los productos o servicios, si la empresa logra un alto grado de satisfacción al cliente, si tiene un alto grado de credibilidad, genera un elevado índice de confianza y transmite valores afines a los del cliente y superiores a los de sus competidores, le permite aumentar los precios de sus productos y servicios.

2. La reputación económico-financiera: está definida por la valoración que tengan de la empresa los grandes inversores, los pequeños accionistas, los intermediarios, entidades y analistas financieros y la prensa económica. Este factor depende del grado de credibilidad que inspira la organización, la valoración de la rentabilidad y el endeudamiento, la eficiencia en la dirección de la empresa, su posición con respecto a los competidores y sus proyecciones de crecimiento comercial y financiero.

3. La reputación interna: está relacionada con el juicio que tienen los empleados con respecto a la organización, sus atributos de imagen, el estilo de comunicación interna, la gestión de recursos humanos, las condiciones de trabajo, la remuneración, el clima laboral, la motivación, el sentido de pertenencia y la confianza dentro del ámbito laboral.

4. La reputación sectorial: está vinculada a la valoración que una organización tiene entre sus competidores, su posición en el mercado, sus perspectivas de desarrollo, la calidad de los productos y servicios que ofrece, la atención al cliente y a los empleados y su nivel de innovación.

5. La reputación social: se constituye a partir de los atributos de imagen y la valoración que los distintos grupos sociales proyectan sobre la empresa, entre ellos se cuentan: las comunidades locales, los medios de comunicación, los líderes de opinión, los expertos, los educadores, la patronal del sector, los sindicatos, las asociaciones de consumidores, las organizaciones ecologistas y el público en general. Para mantener buenos niveles de reputación en este sector social es fundamental la práctica de lo que hoy es altamente conocido e implementado por miles de grandes empresas alrededor del mundo: la Responsabilidad Social Empresaria. La correcta y medida comunicación de esta práctica le permitirá a la empresa mostrar cierto grado de sensibilidad ante temas socio-ambientales y repercutirá positivamente en su reputación. Este es uno de los pocos sectores en los cuales es fácil unificar la opinión de los públicos, ya que ser solidarios y responsables -en función de la sociedad o del medio ambiente- siempre es bien visto por todos y, en este sentido, no suelen haber opiniones contrapuestas. Al decir correcta y medida comunicación me refiero a que existe una discusión en torno a si es correcto o no dar a conocer públicamente las acciones de Responsabilidad Social que llevan a cabo las empresas, tema del que nos ocuparemos más adelante. Algunos de los aspectos que constituyen la reputación social son: valoración del grado de conciencia y de responsabilidad social, grado de compromiso con la comunidad local, contribución al desarrollo social y respeto por el medio ambiente.

Qué es la identidad corporativa

Se entiende por identidad corporativa al sistema de comunicación estratégica que adopta una empresa en todas sus actividades, producciones, propiedades y manifestaciones.

Aunque resulte prácticamente imperceptible para el público general, todo lo que comunica la organización debe mantener una unidad de estilo.

A pesar de que la identidad corporativa aún es entendida mayormente como una simple cuestión de diseño y de marca, es necesario aclarar que ésta se extiende mucho más allá de estos límites, llegando a establecer una relación psicológica de la marca con un valor o concepto. Así como Volvo significa seguridad, más que una marca de autos, o Benetton remite a una moda colorista y a valores ideológicos, más que a una simple prenda de vestir, la identidad no revela la calidad del producto sino que marca la diferencia, la unicidad de la marca. Todos los cigarrillos otorgan placer, pero Marlboro ofrece, además, aventura; al igual que todos los bancos ofrecen tasas y servicios bastante similares, pero hay algo en la marca-imagen que hace la diferencia a la hora de optar. Esto es lo que logra la identidad corporativa al crear la "personalidad" de la marca.

La identidad corporativa, en consecuencia, es una estrategia que, a través de la marca, le otorga una personalidad a la imagen corporativa. De este modo, además de un objeto o un servicio, lo que el consumidor busca es una identificación con atributos como elegancia, comodidad, moda, eficiencia, afectividad.

El último eslabón de este proceso en la mente del consumidor ocurre cuando éste, al probar el producto o servicio, confirma o descarta que sus percepciones e imágenes coinciden con sus expectativas. Es la suma de experiencias positivas en el tiempo la que refuerza esta ligazón del producto con la marca y la imagen corporativa.

En este sentido, más importante que saber qué imagen tienen de nuestro producto los consumidores es saber por qué, para poder investigar y generar los cambios necesarios para mantenernos dentro del nivel de satisfacción del cliente.

Imagen corporativa y Responsabilidad Social Empresarial (RSE)

Las empresas buscan diferenciarse, y parte de esa búsqueda consiste en obtener una imagen sólida con valor propio que las distinga de sus competidores y, como ya aprendimos anteriormente, que ayude a realizar una valoración positiva al momento de formar la reputación de la empresa en la mente de cada individuo.

El mercado se atomiza a pasos agigantados y los consumidores asumen un papel cada vez más exigente a la hora de elegir los productos, especialmente en el momento de la reposición. Gracias a la creciente difusión mundial del consumo consciente, también conocido como consumo responsable, un valor diferencial como es la RSE puede definir la lealtad y lograr que compradores ocasionales pasen a ser clientes y, en algunos casos, promotores de una empresa con la que se sienten identificados y comparten ciertos principios que pueden tener que ver con la protección socio-ambiental.

La empresa aislada ya es un modelo en desuso. En la actualidad, los consumidores son sujetos activos que se informan, opinan y buscan información para decidir en función de mejorar su calidad de vida tanto como la del planeta. Este es un suceso en aumento a escala mundial y sería poco estratégico desoír esta nueva tendencia que puede definir tanto la reputación de una organización como sus cifras de ventas.

Las estadísticas revelan que ocho de cada diez consumidores informados sobre la existencia de la RSE tienen en cuenta este factor a la hora de decidir su compra, además de confirmar que esta tendencia aumenta considerablemente año tras año, ampliando la plataforma de decisores de compra que inclinan la balanza de sus resoluciones en favor de las empresas socialmente responsables.

Por otra parte, los clientes consideran de mayor importancia que esta iniciativa se desarrolle voluntariamente por parte del sector empresario y no a causa de una regulación del gobierno. Esto significa que el capital de una organización se verá ampliamente fortalecido cuando su imagen pública está ligada a las gestiones visibles de RSE, en lugar de cumplir llanamente con sus obligaciones impositivas.

Entre los atributos positivos que los clientes destacan de las empresas que eligen para comprar sus productos figuran:

» Honestidad ética y empresaria.
» Compromiso social con la comunidad.
» Ayuda a las personas más necesitadas o a los grupos más desfavorecidos.
» Cuidado del medio ambiente.
» Capacitación y formación de sus empleados.
» Protección y seguridad de quienes trabajan en la empresa.
» Generación de oportunidades de empleo.

Entre las ventajas que ofrece esta práctica a una empresa, se destacan:

» Posicionar positivamente a la empresa ante sus clientes y ante la sociedad.
» Establecer vínculo con la comunidad y promover el intercambio.
» Retribuir económicamente a la sociedad y recuperar parte de la inversión.
» Contar con un equipo de trabajo sólido y comprometido con los valores y objetivos de la empresa.
» Garantizar una economía de costos incorporando procesos ecológicos estratégicos, como por ejemplo el reciclado o el intercambio de remanentes.

Las posibilidades de gestión de RSE son múltiples y muchas de ellas no ocasionan una erogación adicional. Además de incentivar estrategias creativas y el trabajo en equipo, existen numerosas posibilidades probadamente beneficiosas para desarrollar esta práctica adaptada a la cultura de la empresa, entre ellas:

» Sostener una política de uso racional de los recursos evitando el derroche, reduciendo las emisiones y la generación de residuos para minimizar el impacto ambiental.
» Fomentar la cultura del reciclaje, la reparación y la reutilización.
» Favorecer la venta de desechos no tóxicos para aumentar la cadena de utilización de recursos no renovables.

» Valorizar el espacio público, establecer alianzas en el vecindario.

» Mantener limpio e iluminado el establecimiento y las inmediaciones.

» Participar activamente junto con las agrupaciones de vecinos o la acción comunal en temas y acciones de interés del sector o la comunidad.

» Implementar políticas de solidaridad con personas, instituciones o causas.

» Adherir a las gestiones de entidades educativas, de salud y grupos comunitarios.

» Contratar personas con limitaciones físicas que puedan desarrollar tareas manuales, administrativas o de atención al público.

» Ampliar el espectro de consumidores adaptando los productos y servicios a sus capacidades especiales. Un ejemplo que ilustra este punto es el caso de Piacere.

Cómo Piacere amplió el espectro de consumidores por medio de la práctica de la RSE

Un claro ejemplo que demuestra que la responsabilidad social empresaria además es rentable, es la cadena de restaurantes gourmet Piacere. Los directivos de esta franquicia de restaurantes de cocina italiana han descubierto que las personas no videntes no suelen ir a comer afuera y menos aún estando solas, no sólo por un tema de movilidad sino, principalmente, porque dependen de otro para la elección de su comida. Cuando un invidente va a un restaurante y elige una mesa, enseguida llega el mozo y le pregunta qué es lo que quiere comer. Ante la imposibilidad de leer la carta, el mozo se ve obligado a recitar el famoso "menú del día" o bien a tratar de recordar los platos de la carta y esto deriva en una disminución en las opciones que tiene la persona ciega.

Basados en esta experiencia, los responsables de Piacere han conversado con sus franquiciados y decidieron implementar un menú en sistema Braille, disponible en cada una de las sucursales de la cadena. De esta forma, la marca no sólo abre su espectro en cuanto a la cantidad de clientes que puede llegar a tener, sino que muestra una preocupación aplicada a lo práctico de cómo afecta la incapacidad de elección en usuarios de una empresa de servicios.

Ahora bien, respondiendo al dilema planteado en el punto anterior, ¿es socialmente responsable dar a conocer acciones de responsabilidad social empresaria por medio de campañas de comunicación o de la gestión de prensa?

Esta es una discusión que se plantea cada vez más en millones de empresas que se debaten entre "hacer el bien" y "darlo a conocer" temiendo ser reprochadas por los críticos que argumentan que no es válida una acción social si su fin es la mayor exposición pública.

Ante este cuestionamiento, e indagando a varios responsables de organizaciones dedicadas al fomento de la RSE, he llegado a la conclusión de que la comunicación es tan importante y necesaria como la acción en sí misma, ya que es el motor de cambio que, llegando a oídos de otras organizaciones, estimula la multiplicación.

Lo que no termina de conformar a aquellos que cuestionan las acciones de RSE es cuando la empresa las diseña y las implementa pensando exclusivamente en el fin comunicacional.

Por ejemplo: si una gran compañía organiza una campaña en colegios de todo el país y para dicha acción requiere de un presupuesto de $ 350.000, una comitiva de 15 personas y un mes de tiempo, y al concluir la acción, la empresa emprende una campaña publicitaria y de prensa que le cuesta unos 2 millones de pesos, con un equipo de 35 personas y dos agencias contratadas, esta falta de equidad en la distribución de recursos (limitados en un caso y desproporcionados en el otro) es lo que lleva a sentenciar a ciertas compañías en cuanto a la veracidad, compromiso y real interés en sus campañas de RSE. Esto lleva a cuestionar si la necesidad es la de generar compromiso o si es una excusa para aumentar su exposición pública.

Lo socialmente aceptable es encontrar un balance entre los esfuerzos de acción y los esfuerzos de comunicación, no hacer de una pequeña acción de RSE una enorme campaña y no convertir a la RSE en un recurso exclusivo de marketing.

Reconocer el verdadero propósito y sentido de nuestra acción es ser conscientes del tipo de comunicación que generamos, teniendo en claro que ésta, además de generar una imagen positiva, es necesaria para llevar a ojos y oídos de otros que este tipo de acciones son posibles.

Para finalizar, es necesario poner énfasis en que la interrelación entre identidad, imagen y reputación corporativa no depende exclusivamente de la gestión de comunicación, sino que se desprende de una actividad sinérgica entre todos los sectores de la empresa, en especial la Dirección. Esto se basa en acciones concretas (es decir, en hechos reales) y en el grado de influencia de la organización en el mercado y en los consumidores o usuarios.

Internet y la imagen corporativa

Hoy todas las empresas tienen su espacio en Internet. Cualquiera sea su estructura, este medio de comunicación es primordial y actúa como principal trasmisor de la identidad corporativa.

Hace tiempo que la web ha modificado radicalmente nuestra forma de trabajar, estudiar, vivir y, especialmente, de comunicarnos. Todo pasa por Internet y pareciera también que aquello que no está en la red no existe, o no tiene la suficiente trascendencia para ser tenido en cuenta.

Lo que sucede con las empresas no escapa a este fenómeno en continuo ascenso. Decir que es importante para una compañía tener su espacio en Internet ya es antiguo, porque resulta inadmisible pensarlo de otro modo. Hasta los pequeños emprendimientos comienzan a desarrollarse teniendo en cuenta primeramente la presencia en Internet, no sólo como factor clave sino como un hecho natural para su funcionamiento.

Cuántas veces tratamos de obtener información sobre alguna empresa y lo primero que hacemos, antes de recurrir a cualquier otro tipo de ayuda, es buscarla en la web. Y qué grande es nuestro asombro si no la encontramos.

En el ámbito empresarial, esto tiene una incidencia directa en la imagen y percepción que los públicos tienen de la organización. No sólo es importante estar, sino que se debe considerar también cómo estar presente en la red.

La página web de una empresa actúa, cada vez más, como puerta de acceso a numerosos públicos, y más aún si hablamos de emprendimientos o PyMEs. Hoy la red es el primer punto de contacto con la empresa y es mucho más probable que, antes de conocer personalmente las instalaciones de la misma, comprar sus productos o contratar sus servicios, se ingrese a la página para tener una idea de con quién estamos tratando.

Es por ello que el sitio web debe transmitir y respetar con la mayor fidelidad posible la identidad de la empresa, lo cual repercute en la percepción de una imagen consistente y uniforme.

Es preciso que los colores corporativos sean respetados, que los logos no estén distorsionados y que no se omitan datos e información esencial para saber quién es y qué hace, cuáles son sus valores, su misión y su filosofía de trabajo.

También conviene tener en cuenta que la información esté correctamente jerarquizada y ordenada y que el sitio sea sencillo y agradable de navegar. No todos aquellos que ingresan a la página conocen la empresa o saben qué es lo que hace, por lo tanto esto debe estar claramente explicado, de un modo sintético, en un lenguaje sencillo para que resulte fácil de encontrar y de comprender.

Por último, es primordial demostrar al visitante que detrás de esa organización hay personas que trabajan y están dispuestas a atenderlo y recibir consultas. Es recomendable incluir nombres y cargos del staff, si es posible, fotos que reflejen una imagen corporativa y siempre ofrecer la posibilidad del contacto directo por mail, además del teléfono general de la empresa y un formulario de contacto para recibir consultas o sugerencias.

Si una página corporativa no concuerda con la identidad que la empresa quiere transmitir a sus públicos, será difícil que éstos puedan formarse una imagen sólida y consistente, considerando que la evolución digital avanza cada vez con más velocidad y hoy Internet se ha convertido en la tarjeta de presentación más importante que una empresa puede tener para sus públicos externos. ¿Su objetivo principal? Ganar visibilidad y alcance en la web y presentar una visión más globalizada.

Internet es una red vastísima que presenta nodos, o lugares de cruce de diversas conexiones. Para facilitar la velocidad de la navegación y que los robots de búsqueda encuentren más rápidamente una dirección (o dominio) se le agrega un código al final, de modo de acceder a cada sitio web mediante una organización en distintos niveles jerárquicos. Ellos son los conocidos ".com", ".net", ".edu", ".gov", etc.

Cuadro aparte:

Dominios genéricos	Dominios con código de país
.br (Brasil) .net .info .org, etc.	.com .ar (Argentina) .mx (México) .cn (China), etc.

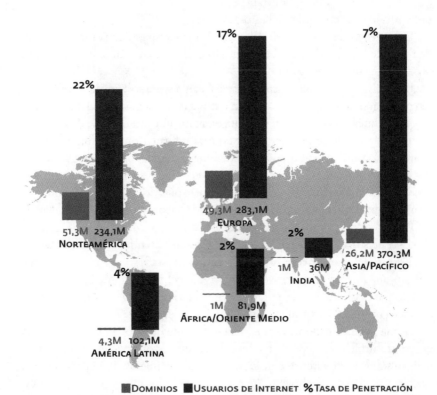

Fuente: VeriSign, ITU, IDC, enero de 2008. Incluye .com, .net y ccTLDs.

CAPÍTULO 2

La comunicación como herramienta de la empresa

Al hablar de comunicación, muchas personas imaginan un proceso absolutamente natural y espontáneo que no requiere una dedicación especial, ni, mucho menos, planificada.

Por ese motivo, y por no contar con herramientas adecuadas, no es considerada dentro de los recursos de gestión de una empresa. Por eso, se pierde gran cantidad de energía, tiempo y dinero por problemas de comunicación.

Sin embargo, la comunicación es un hecho que nos atraviesa a todos, ya sea como individuos, grupos u organizaciones. Disponer de ella en forma voluntaria, con conocimiento de elementos básicos será de gran provecho tanto hacia el interior de la empresa como hacia sus diferentes públicos externos.

Puntos clave:

» La comunicación es una herramienta valiosa para llegar al receptor.
» Es importante que la empresa comunique a los clientes lo que hace, para que éstos sepan claramente qué les ofrece.
» Cuando el cliente desea o necesita comprar un producto o un servicio, primero investiga y se informa, y luego toma la decisión que considera más afín a su búsqueda. La comunicación ayuda a las Pymes a disponer de una herramienta útil para difundir y potenciar su crecimiento.
» La comunicación ayuda a las empresas a estar presentes en la mente de los consumidores, a forjar una imagen de marca y a influir en la decisión de compra de un producto.

La buena comunicación hace más fluidas las interrelaciones humanas dentro de la empresa y evita equívocos y pérdidas considerables.

La "no comunicación" no existe

Si decimos que la "no comunicación" no existe y luego decimos que lo que no se comunica no existe, seguramente vamos a creer que estamos cayendo en una contradicción, aunque si lo pensamos desde otro punto de vista, estas dos afirmaciones pueden ser, y son, totalmente compatibles.

Al afirmar que la "no comunicación" no existe nos estamos refiriendo al hecho de optar por no comunicar algo que los demás están esperando que se comunique. De esta forma, esa ausencia de información deja implícito en sí mismo otro mensaje no verbal, pero mensaje al fin. La comunicación comprende todo, lo que callamos también es comunicación y tal vez una de las más fuertes a la hora de la recordación.

Un ejemplo simple: un adolescente entra a su casa, saluda a sus padres y les cuenta que hoy tuvo examen de matemáticas. Los padres, sorprendidos y ansiosos, le preguntan cómo le fue, el joven no emite sonido alguno y sigue en su camino hacia la habitación. Este es un ejemplo muy básico y cotidiano de lo que puede dar a entender la falta de comunicación, y ocurre mucho más a menudo de lo que creemos en el ámbito de las organizaciones. Esto sucede con más claridad, por ejemplo, cuando una empresa está atravesando una crisis que afecta directamente a sus públicos y, en lugar de explicar cuál es la situación y cómo se va a resolver, opta por el silencio y no da cuenta de lo sucedido. De este modo, queda en evidencia que algo está fuera de su alcance y que la compañía sabe que afuera hay una comunidad que espera una respuesta. Y si ésta no llega, cada integrante de la sociedad encontrará un argumento para explicarse a sí mismo lo sucedido.

Lo peligroso de todo esto es que, al no comunicar, se está dejando a la libre interpretación de cada uno qué es lo que realmente está sucediendo, y como el ser humano no puede dejar en su mente cuestiones sin responder, intentará dar respuesta a cualquier episodio hasta con la idea más absurda, incluso mucho más grave o perjudicial que la situación real o cualquier otra respuesta que pueda darse en su lugar. Esto lo veremos con mayor profundidad en el capítulo dedicado a las situaciones de crisis.

Ahora bien, entendiendo ya que la "no comunicación" es un imposible, resta explicar, entonces, por qué lo que no se comunica tampoco existe.

Los profesionales de las Relaciones Públicas siempre vamos a votar a favor de la comunicación, porque creemos y estamos convencidos de que practicándola, sin olvidarnos del sentido de su doble vía de ida y vuelta, vamos a acompañar el crecimiento de la organización, capturar la confianza y fidelidad de nuestros públicos y llevarlos hasta lugares impensados. Esto es lo que queremos decir cuando afirmamos que lo que no se comunica no existe. Todo aquello que está sucediendo y que los demás no están esperando que ocurra, si no lo difundimos, jamás formará parte de la vida de aquellas personas a las cuales apuntamos nuestros esfuerzos de comunicación. Un comité directivo puede trabajar arduamente en un proyecto con un determinado fin, pero si no se da a conocer, tanto en forma externa como hacia el resto de la organización, nadie sabrá que existe, por lo tanto tiene vigencia sólo para aquellas personas que lo forjaron.

Esto no significa que lo único importante es comunicar y que lo que no se comunica no es relevante, con esto nos estamos refiriendo a que lo que no se comunica no existe para las personas que no están involucradas.

Por eso, si estamos pensando en diseñar acciones para interactuar con nuestros públicos o desarrollar una campaña de Relaciones Públicas, es importante que tengamos en cuenta que todo aquello que hagamos tendrá un potencial aún mayor, si se da a conocer.

Básicamente existen dos tipos de comunicación

1. Intencional
2. No intencional

En el caso de las comunicaciones intencionales, lo que se destaca es la voluntad de afectar al receptor. En este grupo se encuentra la comunicación escrita, verbal, mediante gestos o señas.

Pero paralelamente a la intención manifiesta de emitir un mensaje, y contrariamente a lo que comúnmente se piensa, aun cuando creemos no comunicarnos, lo estamos haciendo. El hecho mismo de estar en silencio o la distancia física que imponemos al otro manifiestan una intencionalidad, y muchas veces lo no dicho revela más que lo expresado en palabras cuidadosamente elegidas.

Es importante saber que cuando ocurre una contingencia o una crisis en una empresa, la no respuesta a los medios de prensa es un error estratégico que comunica el modo en que la compañía se responsabiliza por lo sucedido, de manera que evitar afrontar a la prensa puede minar la reputación de una firma en pocos segundos.

Otro ejemplo de comunicación no intencional es la postura corporal, el tono de la voz, la mirada y los gestos que se adoptan, por ejemplo, en una ronda de prensa o una reunión. Permanentemente enviamos metamensajes[1]

---

1. El metamensaje comprende las actitudes y los sentimientos de la persona que comunica. Está formado por el ritmo, el tono y ciertas palabras que se agregan a un mensaje, lo que puede llevar a decodificar un segundo mensaje entre líneas.

acerca de nuestro estado emocional y nuestros pensamientos más profundos, algunos de los cuales pueden coincidir o no con lo que decimos verbalmente. Y al momento de la evaluación, el receptor toma los metamensajes como factores decisivos, mucho más creíbles aún que el discurso en sí mismo.

Los comunicadores profesionales tienen un entrenamiento para decodificar y hacer una lectura de las señales que emite el interlocutor, de manera de poder descubrir e interpretar gran parte de sus verdaderas intenciones.

Un aspecto que puede presentarse en la comunicación y debe tenerse en cuenta es la *interferencia*. Aunque nuestra intención estratégica sea llegar a nuestro público-objetivo y hayamos elaborado minuciosamente una estrategia bien planificada, puede existir la presencia de hechos u obstáculos que dificulten la comunicación parcial o totalmente.

Básicamente existen dos clases de interferencias:

Físicas o externas: provienen del ambiente y pueden estar representadas por la presencia de ruido, cortes de energía que impidan transmitir un mensaje a través de una señal televisiva, desajustes técnicos de los aparatos emisores o receptores.

Psíquicas o internas: tienen lugar en el mundo interior y afectan a la recepción tanto como a la decodificación de un mensaje. Entre ellas se encuentra el factor empático, es decir, la capacidad de comprender lo que siente el otro, un sentimiento de hostilidad hacia la persona o hacia el tema tratado, emociones, escalas de valores, mala calidad de escucha, poca receptividad, distracción.

Algunas veces, el estilo de comunicación puede ser un impedimento para decodificar adecuadamente un mensaje si los símbolos elegidos no son del todo claros o no representan un código en común; en ese caso, parecería que las personas hablaran diferentes idiomas sin tener la posibilidad de comprenderse mutuamente. Ya sea por resultar incomprensible como por presentar ambigüedad o múltiples significados posibles, la elección del código y estilo comunicacional es un tema que merece ser cuidadosamente evaluado a la hora de elaborar un plan de comunicación para su empresa.

Para tener en cuenta:

- » La comunicación no verbal comunica tanto como la verbal.
- » La comunicación gestual y corporal brinda información valiosa.
- » La postura consciente del cuerpo permite:
  - Adaptarse a la circunstancia, pudiendo optar por un estilo más enérgico o más distendido según la necesidad y la audiencia.
  - Manifestarse en forma más espontánea y menos rígida o estereotipada.
  - Reforzar el mensaje verbal.

» Algunas tácticas de comunicación pueden darle un aspecto rígido o automatizado si no expresan emoción. Saber cuál es el tono comunicacional adecuado permite llegar más directamente a su audiencia.

» Elegir el lugar donde se ubica con respecto al interlocutor es un mensaje en sí mismo.

RR.PP. , Marketing y Publicidad: qué relación tienen

La comunicación es una herramienta en común tanto para las RR. PP. como para la Publicidad y el Marketing en el camino hacia la búsqueda de sus objetivos.

Aunque estos términos se relacionan, no son sinónimos.

La **publicidad** es una técnica de comunicación masiva que reúne disciplinas como la psicología, la sociología, la antropología, la estadística, el marketing (dentro del cual se emplea la investigación de mercado), la economía, el diseño, la lingüística, la semiótica y la redacción. Muchas personas utilizan el término propaganda también en este sentido, sin embargo es necesario aclarar que la publicidad persigue un fin comercial, mientras que la propaganda es una actividad enfocada a la difusión de ideas de tipo políticas, sociales o religiosas, sin fines comerciales. Por otra parte, los públicos de la publicidad son generalmente los clientes y distribuidores.

El **marketing**, por su parte, es un conjunto de técnicas orientadas a satisfacer las necesidades de los consumidores con el fin de aumentar el nivel de ventas de la empresa. De hecho, el éxito de una buena gestión radica en la posibilidad de conocer las preferencias de los consumidores para poder responder a sus demandas, por eso se enfoca en obtener información sobre edad, datos socioeconómicos, actividades, gustos, hábitos y tendencias, entre otros, de modo de poder fabricar productos lo más ajustados posible a sus expectativas. Al respecto, es conocida la frase que afirma que el marketing no es el arte de vender lo que se ofrece, sino de conocer qué es lo que se debe vender.

Las áreas que integran la gestión de marketing abarcan la investigación de mercado, la programación y desarrollo del producto, fijación de precios, determinación de canales de distribución y logística, plan de comunicación integral (publicidad, comunicación e imagen, relaciones públicas, marketing directo, promoción), organización del departamento comercial e implementación de internet y nuevas tecnologías.

Las **Relaciones Públicas** se basan en la administración de la comunicación estratégica y planificada. Para tal fin dispone de una serie de herramientas como el marketing, la publicidad, el periodismo, la negociación y la administración y se orienta a fortalecer la imagen y los vínculos de una empresa a través de diversas acciones comunicativas. El objetivo de la comunicación dentro del ámbito de las RR.PP. consiste en construir una imagen corporativa positiva o revertir una imagen negativa.

Dentro de las herramientas de que dispone, se destacan la organización de eventos, la implementación de planes de responsabilidad social y el diseño de campañas de comunicación para fortalecer la relación con sus diversos públicos como el público interno, los clientes, los medios de prensa, los inversionistas, los proveedores, el gobierno y los organismos públicos, la comunidad, los líderes de opinión, los sindicatos, los competidores, etc., y ciertos públicos objetivos de acuerdo a los intereses de la empresa, como por ejemplo las entidades educativas, organismos relacionados con la salud, organizaciones ambientales, la iglesia, etc. Lo que es importante resaltar es que, a mayor número de públicos, serán necesarios distintos mensajes y canales.

En una reunión de organizaciones y grupos comerciales de los Estados Unidos celebrada en México hace unas décadas se adoptó lo que se conoce como "Declaración de México", que define a las relaciones públicas como: *"El arte y la ciencia social de analizar tendencias, predecir sus consecuencias, asesorar a los líderes de organizaciones y poner en práctica programas planificados de acción que servirán a los intereses de la organización y del público"*. Para ello establece el método denominado IPCE (investigación, planificación, comunicación y evaluación).

Dentro de todo plan general en una organización se incluyen un plan de marketing y un plan de RR. PP. Cada uno de ellos requiere acciones de publicidad instrumentadas según sus objetivos:

» Los de marketing están apuntados al producto, de manera que en este contexto la publicidad es de carácter comercial.
» Los de RR. PP. están relacionados con el cuidado y la difusión de la imagen de la organización, por ese motivo la publicidad que propone es institucional.

Publicidad Comercial y Publicidad Institucional

La **publicidad comercial** comunica sobre el producto y para eso utiliza diferentes soportes: materiales audiovisuales, gráficos, radiales e Internet. Las RR. PP., por su parte, comunican sobre la empresa, es decir, generan una comunicación sobre la compañía que fabrica los productos y no sobre los productos en sí mismos, por este motivo se ocupa de cuidar la reputación y la imagen. Cada empresa tiene algo diferente que decir de sí misma según su rubro, independientemente de lo que produce o comercializa. Un ejemplo ilustrativo sería: una empresa tabacalera o una de bebidas alcohólicas abordan estrategias de comunicación diferentes a las de una empresa que produce golosinas, aunque publiquen avisos comerciales con mensajes similares en los mismos medios de difusión. Incluso, el tipo de publicidad podría valerse de las mismas técnicas, como podría ser asociar el producto o la marca a una figura del espectáculo, o implementar una campaña de incógnita en la que no se devela el producto hasta pasado un determinado tiempo. Sin embargo, la comunicación de la imagen de empresa deberá tomar un tono diferente en cada caso.

Las RR. PP. se valen de la **publicidad institucional** como parte de su estrategia de comunicación, pero su interés se enfoca en el intercambio de mensajes con una gran cantidad de público, más allá de su público target al cual la publicidad comercial busca venderle sus productos. A este tipo de comunicación le interesa una relación con sus accionistas, proveedores, con los medios de comunicación, los clientes y todos los públicos que antes detallamos, en temas que son de interés para la empresa y que pueden favorecer sus objetivos comerciales o institucionales. Un ejemplo de objetivo de RR. PP. para una PyME que desarrolla productos de cosmética podría ser: que las encuestas de imagen arrojen un resultado favorable un 30% superior al obtenido el año anterior. Un ejemplo publicitario institucional para este caso podría ser: anunciar el cambio de imagen de la compañía y asegurarse de que esa información llegue a un 60% del público target.

La **publicidad comercial o de producto** forma parte del plan de marketing y contribuye a lograr los objetivos comerciales. Un ejemplo de objetivo de marketing podría ser: incrementar las ventas de zapatos que produce una PyME en un 20% en los próximos 12 meses. Un objetivo de publicidad de producto para este caso podría ser: dar a conocer los modelos de la nueva temporada a un 40% del público target de ese producto a través de una campaña planificada estratégicamente. Se plantea un 40% del público target y no el 100% porque a la empresa puede interesarle solamente un porcentaje del público que podría adquirir ese producto por diferentes motivos: zona geográfica, costumbres de consumo, poder adquisitivo, nivel socio económico, etc. A su vez, cabe aclarar que ninguna campaña, ya sea publicitaria o de prensa institucional, llega a cubrir el 100% del público que podría llegar a comprar ese producto, por eso conviene plantear objetivos reales que puedan ser alcanzados.

Ejemplos de Publicidad Institucional

Ejemplo de Publicidad de Producto

Objetivos comerciales y objetivos de comunicación

Cuando una empresa toma la decisión de invertir en un Programa de Comunicación Institucional, es muy común que plantee objetivos de comercialización como responsabilidad de la campaña. Pero, ¿podemos lograr objetivos de marketing con un Plan de Relaciones Públicas?

Quienes han investigado el mundo de las Relaciones Públicas, saben que la gestión de comunicación institucional no responde directamente a los objetivos de Marketing de las empresas. Esto se debe a que no entra en sus responsabilidades ni la representación comercial de sus productos o servicios, ni el incremento de las ventas de una forma directamente proporcional a los esfuerzos de comunicación.

Es por eso que cuando una empresa tiene serios problemas en el área comercial, la gestión de comunicación institucional sólo puede ser efectiva si está acompañada por un buen asesoramiento en aspectos específicos de Marketing.

De esta forma, la comunicación corporativa no reemplaza el trabajo de Marketing, aquel que apunta a mejorar las ventas o ingresos de una empresa, pero sí ayuda a que el posicionamiento de la marca y la difusión de las actividades institucionales ocupen un espacio importante en la mente de los públicos, entre los cuales se pueden encontrar nuevos o futuros consumidores.

Siempre que hablamos de la comunicación institucional como una gestión de éxito a largo plazo, no es más ni menos que la respuesta a la pregunta que muchas empresas se hacen cuando se encuentran frente a un presupuesto de comunicación institucional: ¿esta campaña va a ayudarme a vender más?

La respuesta a esta pregunta puede y debe ser respondida teniendo en cuenta varios aspectos: si lo que se busca es promocionar los productos y servicios de la empresa para disparar las ventas a corto plazo, la gestión de comunicación puede ayudar al posicionamiento pero no es el único elemento a tener en cuenta para lograr este fin.

Ahora bien, si lo que se busca es instalar en la mente de determinados públicos una marca, un sello, una frase, una consigna o simplemente lograr que tomen conciencia sobre un determinado tema de interés social, la campaña de comunicación institucional tiene varios motivos para lograr sus objetivos, ya que estos aspectos tocan de lleno su especialidad.

Entonces, podemos estar seguros de que una campaña de comunicación institucional no va a estar destinada a lograr más ventas de productos o servicios sino a posicionar la imagen de una empresa, por medio de la aplicación de diversas estrategias que no obstruyen el trabajo de marketing pero sí ayudan a alcanzar, a largo plazo, el posicionamiento que luego generará, por sí mismo, los resultados deseados.

Diferencias entre RR. PP. y Marketing

Entre las características diferenciales que presentan ambas especializaciones, se destacan los objetivos, procedimientos y estrategias, ya que:

Las **Relaciones Públicas** tienen a su cargo la integración de la comunicación con las personas, su gestión reúne tanto a los responsables de la empresa como a quienes se ocupan de divulgar la información (medios) y a los destinatarios de la misma (público). Por otra parte, generan y promueven una imagen integral de la empresa + sus productos y se ocupan de sostenerla en el tiempo.

El **Marketing**, en tanto especialización comercial, centra sus estrategias en el producto, incluyendo en su gestión políticas de precio, distribución y ventas cuyas estrategias tienen una duración determinada en el tiempo, con un comienzo y un fin pautados.

La diferencia básica entre ambos, como síntesis, reside en que las RR. PP. crean imagen y confianza, mientras que el Marketing crea producto y servicio.

Lo que las Relaciones Públicas son

Las RR.PP tienen una especificidad pocas veces conocida y comprendida por el público masivo. Se las suele asociar con una actividad propia de las grandes empresas e inaccesible o inútil para las PyMEs. La experiencia nos indica que siempre hay un plan viable de RR. PP. al alcance de cada empresa.

Como todas las disciplinas empresarias, las Relaciones Públicas tienen leyes y principios de funcionamiento que le dan gran precisión tanto en la diagramación de estrategias como en su puesta en marcha y evaluación. La integración de diferentes especialidades y ciencias le otorgan máxima solvencia a la hora de brindar asesoramiento a grandes, medianas y pequeñas empresas. Estas son algunas de las disciplinas que un profesional de RR. PP. adquiere a lo largo de su formación profesional:

Sociología: es una rama de las Ciencias Humanísticas que estudia el comportamiento de los seres humanos y su condición de ser social e investiga los fenómenos sociales que en su aspecto estructural y dinámico se vinculan con los grupos y las sociedades.

Sus investigaciones permiten mejorar la comunicación social enfocada a una cultura determinada, manejando variables sociales como rol, status, grupo de pertenencia, referentes sociales.

Psicología: es una disciplina que se especializa en el estudio de la psiquis, la personalidad, la percepción, el comportamiento, la cognición, la vida afectiva y las emociones a nivel individual y social.

Su aporte en el ámbito de las Relaciones Públicas se vincula con el conocimiento profundo de las motivaciones, deseos e inhibiciones de los individuos, lo que permite ajustar el vínculo comunicacional entre una empresa y sus potenciales clientes.

Errores conceptuales más frecuentes:

» Hablar de uno de los objetivos de RR. PP. en términos de aumento de la imagen de la empresa. Lo correcto sería expresar que lo que aumenta es la percepción positiva de la imagen de la empresa, esto significa que lo que se incrementa es la cantidad de personas que perciben la imagen corporativa como confiable.

» No plantear los objetivos de comunicación en forma mensurable. Los objetivos deben expresarse siempre en forma numérica para poder ser contrastados luego con los resultados.

» Confundir publicidad con RR. PP. y/o Marketing y considerarlas vías de comunicación similares, en lugar de diferentes, específicas y complementarias.

» Excluir una vía de comunicación por implementar otra. Con frecuencia, muchos empresarios PyMEs al disponer de un bajo presupuesto consideran que deben optar entre una u otra especialidad, suponiendo que van a alcanzar el mismo objetivo. Lo que no tienen en cuenta es que cada una persigue metas diferentes, por lo tanto no es adecuado reemplazar una por otra. Un ejemplo: si el objetivo comercial es aumentar las ventas de una marca de perfumes a corto plazo, la vía más rápida y más directa es por medio de la publicidad. De esta forma la empresa puede anunciar por medio de avisos publicitarios las fragancias europeas que llegan en la nueva temporada. En cambio, si el objetivo es a largo plazo, la forma de aumentar las ventas es implementando estrategias que ayuden al posicionamiento de la empresa, la imagen positiva y la buena reputación, situándola en una posición de ventaja con respecto a la competencia. En este caso, la empresa puede implementar una campaña de prensa con especialistas en moda y estilos, que ayude a los consumidores a entender por qué las fragancias europeas son de mayor calidad, por ejemplo, que las americanas.

» Creer que las campañas de RR. PP. arrojan resultados en los mismos tiempos que las campañas de publicidad. Es frecuente que una PyME contrate a una agencia de comunicación esperando que en el corto plazo se logren ciertos objetivos, como por ejemplo aumentar la percepción positiva de los públicos, y suponer que los objetivos de publicidad se lograrán en el mismo plazo.

Antropología: dedicada al estudio del hombre en el contexto de la cultura a la que pertenece, el contexto social en el que vive, abordando el origen y desarrollo de todos los comportamientos sociales a través del tiempo en diferentes lugares desde una perspectiva biológica, social y humanista. La Antropología Cultural, por su parte, se enfoca en el estudio de las especificidades de las diferentes culturas y brinda información valiosa acerca de las creencias, mitos, tradiciones y costumbres de las diferentes sociedades.

Permite tener un conocimiento profundo de las costumbres y creencias de los individuos de una cultura, donde el límite entre lo real y lo imaginario se hace difuso, aportando información sobre la identidad y valores de un grupo social.

Psicología Social: es una de las cuatro grandes ramas de la Psicología y estudia la forma en que la sociedad determina características psicológicas individuales y, a la inversa, el modo en que el individuo afecta a los procesos sociales. Ser humano, sociedad y realidad interactúan de un modo permanente que no permite abstraer a uno de sus componentes para su estudio sin incluir a los demás.

Brinda información sumamente útil para elaborar planes de comunicación ajustados a la interrelación entre los individuos y el mercado, así como entre la empresa y la sociedad.

Estadística: es una rama de la matemática que alude a la recolección, organización, análisis e interpretación de datos cuantitativos y cualitativos provenientes de investigaciones.

Las inferencias a través de cálculos de probabilidades la convierten en una herramienta de gran utilidad para la toma de decisiones y para la previsión de conductas, estrategias y resultados.

Semiología: es la ciencia que estudia los sistemas de signos lingüísticos (verbales) o semióticos (de la naturaleza y del ser humano), sus relaciones y significados.

Su profundización sobre la lingüística permite un estudio minucioso del discurso y de las comunicaciones individuales y sociales.

Administración de Empresas: se trata de una ciencia social que estudia la organización de las empresas y el modo de gestión de recursos, procesos y resultados de sus actividades. Reúne conocimientos de finanzas, economía, planificación, contabilidad y marketing.

Su principal aporte consiste en el desarrollo de habilidades de planificación, estrategia y evaluación de resultados de los planes de comunicación en relación con los objetivos comerciales, sugiriendo acciones correctivas en los casos necesarios.

Periodismo (muy importante para quienes se van a desarrollar en prensa o en el ámbito de la relación con la prensa): es la actividad profesional especializada en la búsqueda, redacción/producción y publicación de información de interés público sobre temas de actualidad y sobre temas específicos (por ejemplo: economía, salud, deportes). Puede ser gráfico, radiofónico, audiovisual (TV y cine) o digital (por internet), y su estilo puede ser informativo, interpretativo o de opinión. Existen diferentes procedimientos en la producción de una noticia que hace que ésta corresponda a diferentes géneros tales como reportaje o entrevista, crónica, opinión, documental.

Teoría de la Comunicación: es un campo de estudio dentro de las ciencias sociales que examina y explica cómo se realizan los intercambios comunicativos y cómo estos intercambios afectan a la sociedad de un modo racional y científico.

Herramientas Audiovisuales: es un campo de estudio que apunta a lograr el correcto diseño y armado de campañas de difusión con el fin de lograr transmitir un mensaje por medio de una pieza audiovisual, de acuerdo a los objetivos de comunicación establecidos.

Oratoria: conocida como "el arte de hablar con elocuencia", es una disciplina que se aplica a todos los procesos donde interviene la comunicación oral, como conferencias, clases, exposiciones, congresos con el objetivo de informar, convencer, deleitar y, especialmente, persuadir al público. Tiene un enfoque integral que reúne ciencia, arte, disciplina y técnica. Hablar claramente y en forma efectiva asegura mejores resultados en toda gestión de comunicación.

Investigación de mercado: se trata de una técnica que, básicamente, permite conocer sus clientes actuales y a los potenciales. Aporta información cualitativa y cuantitativa sobre el mercado, las tendencias, la actividad de la competencia, el posicionamiento del producto o marca en la mente del consumidor, así como sus necesidades y motivaciones. Mediante el relevamiento, procesamiento y análisis de la información obtenida contribuye al diseño del plan de marketing, a realizar el lanzamiento de un nuevo producto de una forma más acertada y a tomar decisiones con un alto grado de precisión y eficiencia.

Lo que las Relaciones Públicas no son

Además de conocer su especificidad y sus atributos, también es útil saber qué cosas no deben esperarse de la función de las Relaciones Públicas; es decir, todo aquello que no son:

» Una forma de "hacerse publicidad gratis".
» Una receta mágica que pueda copiarse a partir de casos exitosos.
» Una opción de efecto instantáneo.

» Un salvataje de emergencia. Si no se ha hecho un plan organizado de RR. PP., es inútil implementar un Plan de Emergencia que no tenga sustento en el cual apoyarse.

» Medidas aisladas sin formar parte de un plan general.

» Medidas llevadas a cabo sólo por el responsable de RR. PP., sin colaboración de colegas, gerentes y otros representantes de la empresa.

» Una disciplina basada en la intuición que no requiere análisis previos y posteriores a las acciones implementadas.

» Una herramienta que no demanda adaptarse a la coyuntura social, económica y mediática.

» Un "medio de difusión" privado, a modo de puente, que facilita el acceso a los medios periodísticos.

» Una forma de abaratar el presupuesto publicitario.

» Una especialidad de moda: cuenta con más de 100 años de trayectoria.

La publicidad como soporte

Toda acción de comunicación, por pequeña que sea, genera cierto posicionamiento, logrando colocar la marca en un lugar diferencial en la mente del público objetivo. Está en manos de la empresa: determinar qué lugar quiere que ocupe su marca y en la mente de qué públicos busca tener su espacio preferencial.

Esto es lo que se conoce como segmentación, es decir: dividir el mercado en grupos homogéneos de personas según características o necesidades semejantes, tales como: edad, género, grupo familiar, ocupación, ingresos, nivel educativo, estilo de vida, religión, personalidad, valores, características de consumo, entre otras.

Pero generalmente no basta sólo con esta segmentación para asegurarnos el conocimiento, reconocimiento y recordación de una marca.

Para lograr un nivel de recordación alto, el tipo de comunicación tiene que ser original, muy orientada a las necesidades del público y sostenida en el tiempo. Y es aquí cuando la comunicación de prensa y relaciones públicas necesitan del refuerzo de dos herramientas que completan el mix comunicacional que toda empresa debe tener: la Publicidad, apoyada por acciones de Marketing y Promoción estratégicos, son aliados imbatibles cuando se busca posicionar una marca y lograr que sea recordada en el tiempo.

Este mix comunicacional es la vía directa para lograr un principio fundamental del Marketing y la Publicidad: el posicionamiento, que es lo que va a incidir directamente en la decisión de compra de nuestro producto o servicio. Para esto, se emplean técnicas específicas de planificación y comunicación que apuntan a construir la imagen de marca y la identidad corporativa deseadas. En ocasiones, el especialista en comunicación puede detectar la necesidad de lograr un re-posicionamiento, lo que significa modificar una posición ya existente en la mente del consumidor. En ambos casos es conveniente que cuente con la mayor cantidad posible de información específica, como por ejemplo:

» Atributos diferenciales del producto (qué lo hace único en el mercado)
» Atributos de los productos competidores
» Percepción de nuestro producto o servicio y del de la competencia, (cómo perciben los consumidores a cada uno)
» Cuál es el nuevo posicionamiento que quiero darle a mi producto
» ¿Hay ya otros productos posicionados de igual manera en el mercado?
» ¿Qué tipo de comunicación debo implementar para llegar a dicho posicionamiento?
» ¿Qué medios de comunicación son los más adecuados?
» ¿A qué público quiero llegar con este nuevo posicionamiento?

Inicio de las RR. PP.

Ivy Lee nació en 1877 en Georgia, Estados Unidos. Dejó en 1903 su trabajo en el periodismo para dedicarse profesionalmente como agente de prensa cuando advirtió que los empresarios no gestionaban eficazmente la comunicación entre sus organizaciones y sus públicos de interés, lo cual los llevaba a deteriorar su imagen positiva.

Posteriormente, descubrió que era posible revertir una imagen negativa a través una comunicación bidireccional con los públicos de interés -entre los cuales se encuentra la prensa- a los que, además de informarlos, propuso escucharlos y atender sus necesidades, promoviendo una comunicación y una comprensión recíprocas.

En aquel entonces imperaba la política del secreto y de las puertas cerradas a la prensa y a la comunidad, por lo cual Ivy Lee logró, a partir de algunos casos claves, demostrar a los empresarios que, adoptando una política de apertura, la credibilidad aumentaría y su imagen sería percibida de forma positiva.

Concretamente, en 1906 fue contratado para interceder en una huelga de mineros de la industria del carbón cuyos propietarios estaban cerrados al diálogo con la prensa y a la posibilidad de negociar con el gobierno del presidente Roosevelt. En ese contexto, luego de persuadir a los titulares de la mina de mantener un diálogo abierto con la opinión pública, decidió publicar una Declaración de Principios que envió a todos los medios de prensa, lo que dio inicio a la libre información entre el sector público y el privado.

Inicio de las RR. PP. *(continuación)*

De esta manera, Ivy Lee marcó el primer antecedente en la historia de las RR. PP. y fue el primero en percibir honorarios por realizar esta tarea, dándole entidad de práctica profesional.

Entre sus principios fundantes, se destacan:

Hacerlo bien y darlo a conocer.

Decir la mejor verdad, de la mejor manera y en el mejor momento.

Mantener una política de transparencia y de puertas abiertas.

Diferenciar los términos publicidad (advertising) y RR. PP. (publicity).

Definir las RR.PP como un método proactivo y no sólo reactivo.

Implementar el mecenazgo, como parte de la "humanización de los negocios".

Pero quien denominó a las RR. PP. de esta manera fue Edward Bernays (1892/1995), periodista, publicitario y relacionista público, sobrino de Sigmund Freud y discípulo de Lee.

Bernays trabajó fuertemente para profesionalizar y mejorar la imagen de esta actividad, "aplicando los principios de las RR. PP. a las RR. PP." y destacó la importancia de escuchar al público y trabajar en función de sus necesidades.

Fue considerado el padre teórico de la actividad, inventó la Teoría de las Relaciones Públicas y escribió libros delimitando las funciones y alcances de la profesión, entre ellos *La cristalización de la opinión pública*.

Claro está que todo esto no se logra sin una planificación a largo plazo, ya que el nivel de recordación de los públicos es cada vez más corto. Cuando el bombardeo informativo que los medios envían día a día impacta en la mente de los públicos, se produce una saturación que genera una recordación selectiva. Éstos reciben toda la información pero sólo recuerdan aquella que por alguna razón logró entrar en sus emociones, de modo tal que la relacionan con alguna experiencia o deseo y la recuerdan, al menos, durante un poco más de tiempo.

A esto hay que sumarle el que los medios de comunicación no tradicionales son cada vez más, con lo cual el panorama se vuelve más complejo.

Pero tenemos buenas noticias: existen la creatividad, las buenas ideas, la segmentación de medios y la delicada selección de públicos que los profesionales realizan frente a una campaña de comunicación integral con el objetivo de no "desgastar" la marca frente a personas que no entran en el target buscado y a las cuales sería inútil llegar, ya que difícilmente consuman esa marca.

Todo tipo de comunicación siempre es importante, pero para lograr ser conocidos, reconocidos y recordados, hoy no basta con una gestión de prensa aislada, sino que es necesario integrar al plan de comunicación elementos como la Publicidad y el Marketing Estratégico, que potencian esta llegada y ayudan a construir una marca fuerte, desde el comienzo y a lo largo del tiempo.

¿Publicidad, Relaciones Públicas o ambas?

Mucho se habla hoy de la llegada de las Relaciones Públicas como la práctica que viene a destronar el trabajo de posicionamiento de marcas que genera la comunicación publicitaria. ¿Es esto cierto? ¿Podremos prescindir de la Publicidad para dar a conocer nuestros productos o servicios en el futuro

Dos especialistas de marketing de renombre mundial, Al y Laura Ries profetizan en uno de sus libros más polémicos que ha llegado la hora de "*la caída de la Publicidad y el auge de las Relaciones Públicas*". Esto lo adjudican a que, hoy, las grandes marcas, llegan a posicionarse a través de la comunicación que se logra mediante el trabajo de Relaciones Públicas, y no en base a campañas publicitarias.

Es cierto que las RR. PP. generan un tipo de comunicación diferente al de la Publicidad tradicional y que además pueden ser notablemente más económicas, ya que cuando hablamos de comunicaciones que van dirigidas a la prensa sólo debemos tener en cuenta los honorarios de gestión y no el pago del espacio en los medios.

Y es justamente por estos dos elementos diferenciales que creemos que las Relaciones Públicas no pueden reemplazar el trabajo publicitario, dado que cubren aspectos diferentes de la comunicación, tienen distintos objetivos y fueron concebidas para satisfacer diversas necesidades dentro de una organización.

Si nos remitimos a las fuentes, tanto la Publicidad como las RR. PP. entran en lo que los estudiosos llaman "Ciencias de la Comunicación". Ahora bien, si ahondamos un poco más en el tema, podremos encontrar claramente las diferencias entre ambas disciplinas. La comunicación publicitaria apunta a cubrir ciertos objetivos comerciales dentro de una empresa, ocupa espacios pagos en los medios masivos de comunicación y sólo habla de las propiedades y cualidades de los productos o servicios de la empresa.

Por su parte, las relaciones públicas tienen como una de sus principales funciones la gestión de espacios no pagos en los medios masivos. Estos espacios no son los que utiliza la publicidad tradicional sino que se administran a través del periodismo, el tercer comunicador profesional en este juego de roles. Además, las RR. PP. hacen foco en la comunicación institucional de la empresa y no en la comunicación de productos.

De esta forma, quienes sostienen la teoría de la familia Ries, afirman que la Publicidad no puede ser creíble, ya que emite una comunicación que es pagada por la empresa. Y si bien es cierto que la credibilidad es un ingrediente decisivo en la creación de una marca, también es indudable que una campaña publicitaria que refuerce y mantenga el posicionamiento de una marca es tan necesaria como la comunicación que busca otro tipo de objetivos.

La disputa entre quien debe ocuparse del lanzamiento de una marca, su posicionamiento o la incorporación de nuevos productos o servicios termina cuando entendemos que ambos tipos de comunicación deben ser complementarios y no excluyentes, porque apuntan a dos requerimientos diferentes de la empresa. Uno, a cubrir las expectativas comerciales; y el otro, las necesidades de identidad, buena reputación e imagen de una empresa o una marca a nivel corporativo.

Qué debe incluir un plan de comunicación para ser integral

A modo de resumen, enlistaré los elementos fundamentales para trazar un plan de comunicación en cualquier tipo de empresa. Estos deben ser desarrollados en forma ordenada y no se realizará uno si el anterior no se llevó a cabo. Esto quiere decir que, por ejemplo, si no hacemos una evaluación de la situación actual de la empresa nos resultará complicado definir el objetivo general del plan de comunicación, ya que sin el diagnóstico de cómo está y qué está ocurriendo en la empresa, el objetivo puede ser difuso y no ayudar a resolver los reales problemas de la organización. Lógicamente, sin un objetivo definido, difícilmente podamos establecer una política de comunicación que responda a ese objetivo y así sucesivamente.

Es por esto que respetar el orden de cada uno de los pasos en la elaboración del plan de comunicación es tanto o más importante que llevarlo a cabo. La realidad muestra que se gasta muchísimo dinero en campañas de comunicación mal diseñadas, mal diagnosticadas y por ende poco efectivas. En eso radica la diferencia entre gasto e inversión.

En pocas palabras, estos puntos son una versión más completa y detallada del método IPCE, anteriormente citado, que es el resumen elemental que todo empresario PyME debe tener en su mente al momento de diseñar el plan estratégico de comunicación y a lo largo de toda su campaña.

1. Evaluación de la situación actual: el punto de partida con todos los problemas tanto técnicos como humanos y de posicionamiento en el segmento del mercado al que se pertenece.
2. Fijación del objetivo general: qué comunicación queremos para nuestra institución y qué imagen corporativa esperamos para cuando finalice el período que vamos a planificar.
3. Definición de la política general de comunicación de la institución o entidad: debe incluir un decálogo de principios y objetivos.
4. Diseño de la arquitectura general del Plan: se refiere tanto al punto de vista del orden cronológico como a los pasos hacia los objetivos.

5. Identificación de los medios necesarios para cumplir con lo anterior.

6. Elaboración de programas: definición de objetivos específicos, elección de estrategias y descripción de acciones a desarrollar. Significa que la estrategia general se descompone en objetivos parciales y éstos, a su vez, en otros menores, más modestos y alcanzables. Es una escalera y hay que subir de a un peldaño por vez.

7. Establecer el planning: elaborar un diagrama de los tiempos en los cuales ejecutaremos los programas antes definidos.

8. Elaborar un protocolo para situaciones de crisis, preverlas y definir quiénes deberán integrar el grupo que tome las decisiones en cada caso. También es conveniente establecer un dispositivo independiente que controle los daños durante y después de la crisis.

9. Disponer los sistemas de seguimiento y control, con los correspondientes criterios de evaluación y parámetros de medida, auditorías de comunicación, estrategias publicitarias, evaluación de campañas, estudios de presencia y valoración, entre otros.

La experiencia y el campo concreto añaden pequeños factores a este diseño comúnmente aceptado sobre qué debe contener, siempre, un plan de comunicación.

Botiquín de información básica para responder a la prensa

Detallaré brevemente qué debe tener a mano todo empresario PyME que emprenda una campaña de prensa en los medios para no perder oportunidades ante la urgencia y requerimientos de los periodistas.

» Logo en alta definición (más de 300 dpi y 1 megabyte de peso) y baja definición (poner especificaciones ídem alta) de la empresa

» Fotos en alta definición: tanto de los voceros y directivos, como de la empresa, sus productos y servicios. En el caso de estos últimos, la forma más conveniente de representarlos gráficamente es retratando una situación relacionada con el problema/solución de ese servicio. Por ejemplo, una empresa que brinda servicios gastronómicos puede representarse con un plato de comida o la imagen de una mesa servida, una cena entre amigos, etc.

» Ficha técnica de la empresa: un resumen de los datos esenciales para identificar a la empresa: nombre, rubro, origen, cantidad de empleados, servicios que brinda, etc.

» Hoja de datos numérica de la empresa: hacer una ficha técnica de la PyME que incluya todos los referentes numéricos que puedan obtener: cantidad de clientes, usuarios, facturación, países en los que opera, etc. En el caso de las pequeñas y medianas empresas estos números pueden tomarse de los datos menos pensados: cantidad de productos elaborados por día, cantidad y/o tipo de clientes, etc. Por ejemplo, una cadena de cafeterías con 3 sucursales, puede citar en su hoja de datos cuántos cafés sirve por día en total en todas sus sucursales. Esto ayuda al periodista a tener una referencia concreta de la actividad y dimensión de la PyME.

» CV resumido de sus directivos y voceros: un párrafo corto que pueda describir su experiencia previa, sus áreas de especialidad y qué funciones cumple dentro de la empresa.

» Acerca de de la empresa: un párrafo que en pocas palabras resuma quién es y qué hace esta empresa. Generalmente, se citan ciertos datos numéricos que dan idea de la dimensión de la misma.

» Información Institucional: un texto más detallado y completo de la trayectoria de la empresa, su actividad, su política, valores y todo dato característico que haga foco al core de su negocio.

» Ficha técnica de los productos: una breve descripción de cada producto que pueda acompañar la foto. Por ejemplo, una bodega debe siempre tener listas las "notas de cata" de cada uno de sus vinos a modo de referencia de qué es lo que el consumidor se va a encontrar una vez que adquiera el producto.

Herramientas de comunicación

Conocer y diferenciar los distintos instrumentos de comunicación le permitirá comprender el por qué del asesoramiento que le brinda el especialista y realizar un análisis de sus propuestas de un modo más participativo. Algunos de ellos son:

Algunas de las herramientas de comunicación externa más usuales

E-mail: el correo electrónico se utiliza tanto para la comunicación interna como para la externa. Es el medio más rápido y económico de enviar y recibir cartas, documentos de texto, imágenes y todo tipo de archivos digitales. Debe utilizarse con moderación para no ser invasivo o ser considerado SPAM (correo no deseado). Algunas desventajas de este medio es que a través del mail se pueden propagar virus informáticos en archivos adjuntos y muchas veces existen engaños con respecto a la temática de algunos correos.

Videos: Esta también es una herramienta de comunicación que puede utilizarse tanto para comunicación interna como externa aunque es más frecuente para la comunicación externa en formato de videos institucionales.

Aportan gráficos, imágenes de la organización, audio, música, voz de un locutor profesional, sobre diferentes temáticas de interés para la empresa y los diferentes públicos.

Eventos, ferias y exposiciones: reúnen todas las variantes de discursos y medios de comunicación. Son una oportunidad para integrarse con pares del sector y con el público target. Significan un fuerte apoyo al área de ventas y a la consolidación de la presencia e imagen de la empresa.

Visitas guiadas: orientadas a todos los públicos (mixtos, internos o externos) como la prensa, consumidores y proveedores, representan la mejor oportunidad de acercarlos tanto al producto como a la compañía, ofreciendo un contacto directo, la toma de conciencia del proceso de fabricación y sus implicancias operativas, las medidas de seguridad con respecto al producto. Suelen apoyarse con video institucional, folletería y entrega de muestras del producto.

Gacetilla de prensa: es la herramienta de comunicación con la prensa por excelencia. Informa sobre un hecho, un tema o la postura de la empresa ante determinada situación. También suele utilizarse para promover el consumo de un producto proponiendo en la agenda de los medios la difusión de determinado tema.

Solicitada: es una publicación en un medio masivo que comunica principios, aclara situaciones confusas o conflictivas de la empresa o de un área de la empresa (como la jurídica o la comercial) con el fin de prevenir posibles demandas judiciales. Lleva la firma del responsable y su número de documento de identidad.

Conferencia de prensa: es una reunión que se realiza sólo cuando hay una noticia importante que comunicar o cuando los reporteros buscan una noticia o aclarar un hecho que será informado a través de diarios y noticieros de TV. La dinámica de una conferencia de prensa incluye la respuesta de la autoridad o representante de la empresa a las preguntas de los reporteros.

Reuniones y desayunos con la prensa: a diferencia de la conferencia de prensa son encuentros más reducidos con periodistas especializados que se ocupan de temas afines. En general se tratan temas de interés puntuales acordes con la temática que abordan estos periodistas. Es un encuentro más informal, íntimo y más exclusivo.

Folleto institucional: es un material impreso dirigido a los públicos externos. Se recomienda utilizar una buena calidad de papel y fotografías. Puede incluir información sobre la historia de la organización, su estructura, política, estrategia, objetivos, datos de su producto o servicio, dónde comercializa, etc. Generalmente, se envía a los clientes más importantes, a los bancos, a aquellos públicos que la empresa considere especiales, a la organización de negocios de una embajada para su exportación o en puntos de venta destacados.

Newsletter o boletín informativo: es un material informativo online o impreso, aunque el formato electrónico enviado por mail es actualmente el más difundido. Se utiliza para informar y fidelizar a clientes y/o interesados, destacar acciones de RR.PP., publicitar productos o servicios, comunicar novedades de la empresa y del sector a un bajo costo y en muy poco tiempo. Sólo se envía a aquellos que desean suscribirse.

Buzón de sugerencias: ideal para canalizar demandas o propuestas en forma rápida, puede ser un objeto físico (cuaderno, urna, etc.) o digital (dirección de mail similar a sugerencias@nombredelacompañia.com). Permite recibir ideas y propuestas de utilidad, además de alentar un intercambio fluido por medio de un seguimiento personalizado.

La más utilizada de las herramientas, sobre todo por aquellas empresas que desarrollan una fuerte política de comunicación con los medios, es la gacetilla de prensa, que detallo a continuación.

Gacetilla:

También denominada comunicado de prensa, es un texto escrito con estilo periodístico y una estructura determinada, que reúne información específica sobre un tema, empresa y/o producto/servicio, cuyos destinatarios son los medios de comunicación, con el objetivo de darle difusión.

Posee dos grandes ventajas: por un lado, es gratuita. Por otra parte, al publicarse con el formato de una nota periodística y no como un aviso publicitario, goza de mayor credibilidad y prestigio ya que es implícitamente avalada por el periodista que la escribe o el medio de comunicación que la publica.

Una desventaja a considerar es que, al no formar parte de una pauta comercial, los editores deciden si la publican o no y cuándo lo hacen, por lo que su aparición en los medios depende de factores como disponibilidad de espacio, compatibilidad con el estilo y orientación del medio periodístico, comprensión de la temática por parte del editor y empatía del medio o del periodista con la empresa.

Por su parte, como muchas veces la información lleva la firma del periodista que la desarrolla, éste tiene libertad sobre la edición del contenido de la información; es por ello que muchas veces los comunicados de prensa son "recortados", modificados o tenidos en cuenta en una nota en la cual también participan otros comentarios, competidores o temas afines.

Es ideal para informar lanzamientos de productos, cambios institucionales, incorporación de nuevos ejecutivos a la empresa, balances económicos anuales, además de novedades tecnológicas en el mercado, premios, campañas de RSE, acuerdos o alianzas estratégicas. Muchas veces también es utilizado por ciertas empresas a las que le interesa instalar un tema en la agenda de los medios. Por ejemplo: una empresa que produce jugo de arándanos, lanza comunicados anunciando todas las propiedades nutricionales y medicinales de este fruto. Si bien la comunicación puede no contener el nombre de la empresa, sí contiene información que directa o indirectamente beneficia a la empresa y promueve el consumo de sus productos.

La gacetilla de prensa debe estar escrita en tercera persona, en un lenguaje austero, desprovista de subjetividad o expresiones calificativas y ser lo más breve y concisa posible. Debe incluir:

1. Logo o logos de las instituciones intervinientes en el comunicado.
2. En algunos casos se puede agregar una volanta que es texto breve que anticipa al título.
3. Título: puede o no tener el nombre de la compañía en él, debe ser breve, generar interés y ser lo más representativo de la información que le sigue a continuación.
4. Copete o subtítulo: no debe repetir datos del título ni del contenido del comunicado, sólo agregar información de suma importancia que por temas de espacio no pueden ir en el título. Debe seguir generando interés para llevar al lector a seguir leyendo el resto del comunicado. Puede ir en uno o varios párrafos.
5. Fecha y lugar de edición: va al inicio del contenido de la información, inmediatamente luego del copete.
6. Texto: debe ser redactado en formato de pirámide invertida, lo que quiere decir que la información más importante debe estar arriba y lo menos trascendente abajo. Esto evita que en casos en que el periodista recorte la información no queden datos de importancia fuera de la selección. No debe contener más de 3 ó 4 párrafos.
7. Información institucional: es lo que los agentes de prensa llamamos el "Acerca de", de la empresa. En este breve párrafo se deben incluir datos que permitan al periodista, en pocas líneas, saber "quién" es la empresa, qué hace, qué dimensiones tiene y cuál es su valor diferencial.
8. Datos de contacto: son imprescindibles a la hora de requerir mayor información por parte del periodista. Es importante, además de dar el contacto, estar disponible y dispuesto al momento que el periodista nos contacta y procurar proveerlo de la información o los materiales solicitados con la mayor celeridad posible, dados los acotados tiempos que maneja la prensa.

Ejemplo de gacetilla:

Principales Clubes de Fútbol de Europa tendrán agente de licencias en Argentina

Como agente de Warner Bros, Consumer Products, IMC se convierte en representante exclusivo de los clubes FC BARCELONA, JUVENTUS FC, MANCHESTER UNITED, PARIS SAINT-GERMAIN y AC MILAN

Buenos Aires, 05 de enero de 2007- IMC, empresa argentina pionera en el mercado de licencias, anuncia la incorporación de estos cinco clubes, referentes del fútbol europeo. Como agente de Warner Bros. Consumer Products, IMC manejará en forma exclusiva sus licencias para Argentina, Paraguay, Uruguay y Bolivia.

Los equipos europeos generan uno de los mayores movimientos económicos del mundo. Sólo durante el último año, cada uno de estos equipos obtuvo ganancias cercanas a los 300 millones de dólares. Con estas nuevas adquisiciones, IMC abrirá en la región un nuevo mercado de oportunidades en todas las categorías de licencias.

"Es una gran satisfacción para nosotros ser la primera compañía en representar en nuestro país a clubes de fútbol de este prestigio internacional" afirmó Leonardo Gutter, Director de IMC. "El merchandising futbolístico es un negocio cada vez más atractivo y esta alianza representa una nueva etapa para el mercado de las licencias deportivas en Argentina, mercado que conocemos muy bien ya que hemos sido los iniciadores del negocio lanzando hace más de una década, las licencias de Boca Juniors y River Plate."

Acerca de IMC

IMC es la empresa argentina con mayor experiencia en Latinoamérica y una de las más antiguas en el manejo del negocio del licensing, con un profundo conocimiento del mercado (Know How) y con más de 300 compañías en su cartera de clientes (Know Who). Representa a grandes compañías como Warner Bros., Fox, Sony, Cartoon Network y LucasFilm, entre otras y comercializa los derechos del uso de nombres, imágenes y logos de una gran variedad de marcas. Entre sus propiedades encontramos clásicos de todos los tiempos como Looney Tunes, El Zorro, Tom & Jerry; éxitos de la pantalla grande como La Guerra de las Galaxias, Superman, Harry Potter, La Era del Hielo; personajes que son furor en todo el mundo como Los Simpson, Lazy Town, Pucca y Bratz, entre muchos otros.

Para conocer más sobre IMC, visite www.IMClicensing.com.ar

SE AGRADECE SU DIFUSIÓN

Contacto de Prensa
Nadia Caracciolo / Directora Ejecutiva
+54 11 (9) 15 5460 4577
PR IDEAS / Soluciones en Comunicación
4706-3668 / www.prideas.com.ar

Una regla de oro de la comunicación periodística recomienda incluir en todo artículo de prensa información sobre:

» Qué
» Quién
» Cuándo
» Cómo
» Dónde
» Por qué
» Para qué

Si bien su asesor de RR. PP. le brindará todas las herramientas necesarias para el logro de la publicación de su gacetilla de prensa, incluyendo la redacción y/o corrección del texto, le propongo una serie de directrices para obtener mayor éxito en la preparación de este material periodístico:

1. El contenido debe ser noticia y generar interés desde el primer párrafo. Se sugiere utilizar frases breves.
2. No incluir información complementaria o de relleno.
3. Dirigirse en un estilo afín al público objetivo y acorde al medio en el que saldrá publicado.
4. Utilizar un lenguaje "objetivo" que le dé al material un aspecto comprobable. No utilizar adjetivos calificativos.

5. Utilizar la mayor cantidad de datos concretos que respalden y den dimensión de la información: números, cantidades, porcentajes, fechas, nombres, citas, estadísticas, etc.

6. Especificar la mayor cantidad posible de datos de contacto, independientemente de que éstos salgan publicados o no. Los periodistas podrán ponerse en contacto para aclarar dudas o retomar la comunicación más adelante cuando necesiten recibir asesoramiento sobre su rubro o producto.

Recomendaciones para las e-gacetillas:

Cuando las gacetillas de prensa son enviadas a los medios por email, es necesario tener en cuenta una serie de detalles importantes para lograr la atención de nuestro público objetivo (los periodistas) y hacer efectiva la llegada del material. Algunos de ellos son:

» Enviar siempre la información en el cuerpo del mail y no como archivo adjunto. Muchas personas no abren attachments para evitar el riesgo de contraer virus; además, algunas versiones de word pueden ser incompatibles con el sistema operativo del receptor y eso podría impedir su lectura.

» En general, no conviene incluir fotos; es preferible ofrecer por escrito más información e imágenes en un próximo mail si el periodista lo solicita, o bien un link a una página en donde se pueda acceder a más imágenes. Algunos casos excepcionales lo ameritan, como aquellos en los que el contenido de la información necesite ser complementada con una foto; por ejemplo, si se comunica la inauguración de un local o una muestra artística, puede incluirse una sola imagen en baja resolución.

» Si le solicitan el envío de fotografías, incluya un máximo de dos por mail en alta resolución (1 MB cada una) preferiblemente en formato JPG.

» No intercale gráficos o tablas en el texto, ya que podría desplazarlo y hacerlo ilegible, o bien podrían no aparecer en pantalla.

» Incluya si es posible links a sitios donde se pueda ampliar la información de referencia.

» Bajo ningún punto de vista envíe imágenes animadas ni mensajes con fondos de color.

» No vuelva a enviar el mismo material si no se lo solicitan. Es preferible escribir a los medios pidiendo la confirmación de la recepción de su mail antes que debilitar el interés en sus siguientes comunicaciones. Si le es posible, intente contactar telefónicamente para darse a conocer y establecer una comunicación fluida y duradera.

» Incluir siempre a todos los destinatarios con copia oculta; nunca muestre en el mail al resto de los receptores de su mensaje. Eso, además de reflejar una falta de confidencialidad, le da a la comunicación un tono despersonalizado.

» En el caso de los envíos masivos, en los que resulta imposible personalizar cada uno de los mails con el nombre del destinatario, conviene hacer un encabezado con un saludo que parezca dirigido, con un texto breve en el cual se explique el contenido de la gacetilla y se agradezca por anticipado su publicación.

» En lo posible, evitar envíos los días lunes, en los cuales las casillas de los periodistas quedan sepultadas bajo los mails del fin de semana, y los días viernes, en los que la atención está dispersa y el tema quedará postergado hasta el lunes para el análisis de su publicación y entrando en el cúmulo de mails del fin de semana.

» Hacer una selección rigurosa de los contactos a los que vamos a enviar el mail, asegurándonos de enviar a las secciones, suplementos de interés de nuestra información. Por ejemplo, si enviamos una gacetilla con contenido de salud y belleza, no enviar al suplemento rural ni al de arquitectura o al gourmet.

Qué es una noticia:

Una noticia es un hecho novedoso que es dado a conocer a través de un medio de comunicación (individual o masivo).

Entre sus principales características se destacan, en primer lugar, su veracidad, es decir: lo que se comunica debe ser verdad. Pero además debe generar interés, debe ser algo desconocido por el público hasta ese momento y, por lo tanto, de actualidad.

Seis preguntas básicas orientan la dinámica y la solidez de la información a transmitir: qué, dónde, cómo, cuándo, quién y por qué. Responderlas por orden de prioridad da como resultado una noticia.

La estructura más efectiva para organizar la información es la de pirámide invertida, incluyendo la información más relevante al comienzo e incorporando los datos de mayor a menor importancia a lo largo del texto. De este modo nos aseguramos que en una primera lectura serán captados los datos principales y, si llegara a ser necesario recortar la nota por falta de espacio, no se perderá información fundamental.

En síntesis:
» Utilizar un lenguaje directo, claro y sencillo.

» Evitar repeticiones innecesarias, tecnicismos y modos de comunicación indirecta, cumplir con el lema: "más información con menos palabras".
» El tema debe ser de actualidad.
» Sólo es noticia la información sobre algo nuevo o desconocido para el público.
» Su veracidad debe poder ser comprobable.
» El tema debe ser de interés para el público.

Internet como soporte

A comienzos de 2008, uno de los diarios principales de la Argentina publicó una nota titulada: "Venden más las PyMEs con sitio web", en la que se lee una clara referencia al avance del e-commerce y el boom de la presencia de las pequeñas y medianas empresas en blogs y páginas web, en forma individual o en comunidades.

Un relevamiento realizado por una consultora especializada revela que la mitad de las PyMEs tienen presencia en Internet, y que esto les amplió la capacidad de comunicación a través de consultas, además de un aumento en las ventas en aproximadamente un 40%.

El artículo revela que dos características que destacan el valor de la presencia de una Pyme en Internet son:

1. **Profundidad**: brinda la posibilidad de explayarse sobre las características del producto más a fondo que lo que podría hacer un vendedor, ya que se puede ofrecer información técnica, manuales de uso, fotografías, videos, preguntas frecuentes y una cantidad de información que sería imposible administrar en forma personal a cada cliente que se acerque a un puesto de venta o que requiera información en forma telefónica.
2. **Amplitud**: en un minuto de exposición es posible llegar en profundidad a cientos de miles de potenciales clientes sin restricción de tiempo ni condicionamientos de horarios.

Otro dato significativo que aportó el Bureau Argentino de Publicidad en Internet es que durante 2007 la publicidad en la web aumentó un 35% con respecto al año anterior, logrando una inversión de 123 millones de pesos, tendencia que se ve reforzada durante 2008.

Además de potenciar la difusión de la imagen corporativa a una mayor cantidad de público target, el uso de la web permite concretar transacciones mediante E-commerce (comercio electrónico), promociones, ofertas de usados y subastas. Algunas PyMEs con presencia en internet obvian el alquiler de un local a la calle publicando sus productos como venta por catálogo, ofreciendo mejores precios aún que aquellos competidores que disponen de un negocio con sucursales e invierten en publicidad televisiva (un ejemplo claro es el rubro de los productos de compra directa telefónica).

Una de las ventajas más atractivas de la venta on line es que el comprador puede realizar la operación en cualquier momento del día, cualquiera sea el lugar donde se encuentre. Para quienes no se sienten seguros de publicar datos personales como número de documento, dirección y tarjeta de crédito, existe la opción de confirmar la operación vía internet y cancelar el pago en forma personal contra entrega.

El uso del E-commerce en una PyME permite, mediante un software sencillo, resolver en forma autónoma la comercialización de productos y servicios (integralmente o sólo algunos procesos de la venta), abrir y/o consolidar el canal de ventas, implementar un sistema de cobro on-line mediante tarjeta de crédito y débito o sistemas de pago por caja mediante factura electrónica impresa, armado de base de datos de clientes con actualización instantánea y delivery global. Sus beneficios más concretos son:

» Rápida implementación.
» Riesgo Cero.
» Sin límite de artículos.
» Sin costos por transacciones.
» Excelente relación costo-prestaciones.
» Posibilidad de crecimiento con módulos diseñados a medida.
» Sencillez de uso.
» Permite brindar mejor servicio al cliente y a los proveedores.
» Es configurable para cada caso particular.
» Fideliza a los clientes.

Pasos para tener presencia en Internet

» Elegir el nombre del dominio.
» Definir el objetivo, estilo y formato.
» Contratar un servicio de *hosting*[2].
» Diseñar el sitio web: imagen visual y textos.
» Promocionar el sitio web para que reciba gran cantidad de visitas.

---

2. *Hosting*: servicio que brinda una compañía proveedora de Internet que permite alojar una página web y otro tipo de información como imágenes, videos, etc. Existen proveedores pagos y gratuitos.

Pero además de vender, Internet comunica: el fenómeno blog

En un cortísimo período durante los últimos años surgió un medio de comunicación alternativo a los websites y los tradicionales diarios y revistas: el blog.

Los datos más recientes indican que:

» Existen 1,4 mil millones de usuarios de Internet en todo el mundo, incluyendo 118 millones en América Latina y 23 millones en México.
» Hay 168 millones de dominios registrados en el mundo y se estima un crecimiento anual del 22% en junio del 2008.
» .com es el dominio más registrado, seguido por .de, .cn y .net. El nombre de dominio más conocido y utilizado a nivel global es .com, que además facilita la promoción de un solo sitio web en todos los países latinoamericanos y de habla hispana.
» Se prevé que para 2010 el número de personas en el mundo conectadas a Internet será de 1.650 millones.
» Mientras el uso de banda ancha se incrementa, cada día en la Argentina se abren nuevos blogs personales.
» MySpace, la red social más popular del mundo, posee una comunidad de 220 millones de usuarios.
» Facebook, otra red famosa, tiene 75 millones de personas registradas y cada día recibe 500 mil nuevas.
» A fines de 2007, Microsoft desembolsó 246 millones de dólares para quedarse con el 1,6 por ciento de Facebook, creado por Mark Zuckerberg en 2004, cuando tenía sólo 18 años.
» La enorme cantidad de personas que interactúan las 24 horas en los productos y servicios de Internet condujo a las tres compañías líderes en la materia (Yahoo!, Google y Microsoft) a disputarse un mercado publicitario online de 40 mil millones de dólares, cifra que, según los analistas, se duplicará en nada más que dos años.
» Las predicciones que vaticinan que el futuro será móvil ya se están cumpliendo. Para 2012 habrá el doble de las notebooks que las que existen hoy y se espera que en dos años la venta de portátiles superen a las PCs de escritorio.

¿Qué ventajas aporta la presencia de un blog corporativo en la web?

Múltiples, tanto dentro como fuera de la empresa. Hemos llegado a lo que se esperaba de las comunicaciones para el futuro. Las promesas de comunicación instantánea, sin costo y en forma humanizada ya son una realidad que beneficia a las PyMes porque:

1. Ayuda a establecer la marca.
2. Da voz a los empleados de la empresa (público interno).
3. Lleva el marketing más allá de su límite geográfico local.
4. Crea un vínculo de unión con los clientes más humanizado y dinámico.
5. Fortalece una relación basada en la confianza y la pertenencia.
6. Brinda información del mercado.
7. Colabora con la gestión de Relaciones Públicas a un costo acotado.
8. Actúa como canal "informal" de comunicación.

Según Leandro Zanoni, referente del área blogera de Argentina, director de la empresa de publicidad y contenidos en nuevos medios TercerClick.com y creador de Eblog.com, un blog simplemente es lo que su dueño quiera. Es un espacio donde uno puede expresarse libremente y comunicar lo que desee, con texto, fotos, videos o audio, llegando a cuantas personas se lo proponga, divirtiéndose y enriqueciendo su experiencia en la web. Es decir, un blog es muchas cosas al mismo tiempo, además de ser una herramienta técnica de publicación.

Con respecto a los blogs corporativos, Leandro reconoce que ya hubo muchas experiencias que dieron muy buenos resultados. Se trata de un recurso que posibilita comunicarse al instante con mucha gente y hasta puede reemplazar a los aburridos mailings. Con servicios de RSS[3], por ejemplo, es posible que nos alerte cuándo un blog se actualiza, sin necesidad de tener que visitarlo frecuentemente para ver si hay algún nuevo post. Además, un blog corporativo no sólo es un excelente medio alternativo para canalizar las comunicaciones de la empresa, sino que permite ahorrar costos y darle al empleado la percepción de que su compañía se encuentra a la vanguardia en el uso de los nuevos medios.

Para ir a un caso práctico, Intel es uno de los mejores ejemplos a nivel local de los beneficios del uso efectivo del blog con fines corporativos. En www. corelifeblog.com.ar se puede investigar cómo la empresa emite los mensajes que quiere comunicar a sus públicos en un clima informal y hasta fuera de lo institucional.

El blog tiene mucho que ver con lo personal, con lo subjetivo, con las ideas, pensamientos y sentimientos de una persona o de una institución, como es este caso. Es por eso que su llegada es más directa y sus mensajes se graban más profundamente en la mente de los públicos. Al ser una vía informal deja de lado los modismos para dar lugar a la creatividad y a una comunicación directa con el usuario.

---

3. RSS: es un formato de publicación de noticias, al cual se puede acceder a través de programas lectores de noticias sin necesidad de abrir su navegador de Internet.

E-mail Marketing como herramienta de comunicación

El e-mail marketing es una herramienta de comercialización actual muy efectiva y económica que permite llegar directamente a un importante segmento de clientes potenciales a través del correo electrónico. Se utiliza para dar a conocer la empresa, informar sobre novedades y promociones o enviar información específica de interés a nuestro público target.

Su característica distintiva es la de permitir crear un registro del comportamiento del público objetivo al que se le envían las comunicaciones. Valiéndonos de una aplicación de e-mail marketing, podemos conocer con lujo de detalle quiénes nos leyeron, quiénes se interesaron (a través del seguimiento de clicks), y lo más importante: conocer los intereses y necesidades de nuestros clientes y prospectos. En un análisis posterior se pueden determinar y proyectar las acciones a ejecutar para mejorar la orientación y alcance de nuestras propuestas y, en consecuencia, el ROI (retorno de la inversión).

El e-mail marketing es sumamente necesario en el plan de comunicación de una PyME, independientemente de su tamaño y actividad, ya que todas las empresas forman parte de la sociedad y tienen necesidades de comunicar qué hicieron, qué planean hacer, el lanzamiento de un nuevo producto o servicio, o la vigencia de alguna promoción en la acción por el posicionamiento de su marca dentro de la mente de los consumidores. Sus aplicaciones permiten a todas estas empresas reducir sus costos de comunicación y (lo que hasta ahora parecía imposible) segmentar y depurar las bases de datos de manera rápida y sencilla según la característica de los suscriptores como consumidores.

Por otra parte, los costos de cualquier aplicación de e-mail marketing en relación con otro medio de comunicación son irrisorios: hablamos en general de centésimos de centavo por contacto, en contraposición a cualquier otro medio cuyo costo por contacto asciende desde centavos hasta una gran cantidad de pesos.

Una estrategia saludable para el éxito en la gestión de comunicación es incluir el e-mail marketing tanto en el Plan de Marketing como en el RR.PP., llegando a resultar una herramienta insustituible por sus características únicas que permiten una mayor y mejor segmentación de contactos e intereses a menores costos.

Las empresas saben el valor que tiene cada centavo invertido y es coherente que busquen nuevos y mejores resultados a través de acciones innovadoras de eficacia comprobada.

Para tener en cuenta

Es importante, al realizar las campañas de e-mail marketing, que la imagen represente y coincida con la imagen de la compañía (en lo visual y en los textos), y que el contenido sea claro, sintético y directo. Para ello se recomienda:

» Incluir el logotipo, colores y estilo de comunicación de la empresa.

» Brindar información convincente con imágenes que transmitan una idea clara del producto, servicio o mensaje e inviten a conocerlo, probarlo o comprarlo.

» Marcar una diferencia con sus competidores, especialmente si lo que ofrece es un servicio.

» Ofrecer siempre información de contacto para hacer consultas (teléfono y dirección de mail) y el modo de adquirir el producto (respondiendo al mail, ingresando en la página web, telefónicamente, etc.).

» Tomar las recomendaciones de los especialistas para optimizar el formato del e-mail, lo que permite llegar "limpio" a la bandeja de entrada de nuestros destinatarios y que no sea recibido como SPAM.

» Procurar que el peso del email sea liviano y que no contenga adjuntos.

» Proporcionar links para ampliar información.

» Que la información esté jerarquizada, que tenga relación con el core de la empresa, que el mensaje sea claro y conciso.

Para realizar una campaña de e-mail marketing se debe contar con una lista de usuarios que aceptan recibir este tipo de información de su empresa (consentimiento), es decir que son invitados a recibir regularmente mails y ellos confirman mediante una respuesta afirmativa por mail. Otro modo de suscribirse puede ser durante la navegación en la página web de la compañía, completando un formulario.

En todos los casos se debe dar la opción para desuscribirse cuando el cliente lo desee, en forma clara y legible.

Determinación de públicos de interés para la empresa

Conocer al público target de la empresa o de los diferentes productos de la empresa es el camino más directo hacia su atracción y el primer paso que se debe dar antes de ir a buscarlo.

Como emprendedores, muchas veces nos preguntamos: ¿cuál es la mejor forma de llegar a nuestro público objetivo, aquel que como consumidor necesita nuestros productos y servicios, pero hoy es fiel a otra marca que no siempre logra satisfacerlo?

La fidelidad tiene una gran dosis de subjetividad y suele estar asociada a identificaciones del sujeto hacia la marca, percepciones de calidad muchas veces abstractas, sentimientos, necesidades y valores ligados a experiencias muy internas del individuo.

Así como en muchos aspectos de la vida, el conocimiento es el camino más directo a la atracción y, por ello, la mejor estrategia para captar nuevos prospectos. Conocer a nuestro público objetivo consiste en estudiar, con la mayor precisión posible, quién es, cómo piensa, cómo vive y, sobre todo, cómo siente aquel que queremos convertir en nuestro cliente fiel.

Una de las mejores armas para lograr un conocimiento concreto es la información que obtenemos mediante la práctica de la comunicación. La información es unilateral, pero es la comunicación la verdadera herramienta que nos ayuda a conocer a nuestros interlocutores, porque no sólo nos permite difundir un mensaje sino obtener una respuesta u observar la reacción de nuestro público de interés y nutrirnos de información vital para diseñar una buena estrategia de posicionamiento.

La correcta administración de la información no sólo es poder, sino uno de los principales activos para una empresa incipiente que necesita determinar cuál es su público target y llegar a él. Y es la comunicación el instrumento clave para transportar esa información, llegar a nuestro objetivo, posicionarnos frente a la competencia y, por ende, vender más.

La importancia del público target

Como decíamos, una adecuada identificación del público target nos dará una perspectiva adecuada, concreta y sin distorsiones acerca de cuál deberá ser el centro de nuestras acciones de comunicación. Pero, ¿cómo hace una PyME para identificar claramente cuál es ese público al que debe apuntar toda su estrategia comunicacional?

En estos casos, lo más indicado es implementar una investigación de mercado que le aporte los datos necesarios para determinar cuáles son los rasgos sobresalientes e identificatorios de estas personas y si los productos o servicios que ofrece la empresa son capaces de satisfacer sus necesidades y deseos. Muchas veces, las investigaciones de mercado, que deben realizarse previamente al desarrollo de cualquier producto o al lanzamiento de cualquier campaña de comunicación, ayudan a corregir fallas conceptuales o a tomar nuevos caminos que se ajusten más a las reales necesidades de los públicos de interés para la empresa.

Cuando queremos conocer a nuestro público target, lo que debemos investigar es su perfil psicodinámico como consumidores, sus hábitos y actitudes de consumo, frecuencia de uso, variantes de consumo, factores que inciden en la compra, imagen y simbología. A su vez, hay varios factores que influyen en la compra de determinados productos por parte de determinadas personas.

Se ha estudiado que el packaging es un factor hiperfundamental a la hora de la elección de un producto por parte del consumidor y primordial a tener en cuenta por la empresa a la hora de comunicar. Un diseño de packaging atractivo y adecuado de acuerdo al tipo de producto muchas veces define una compra y hasta en algunos casos pasa por encima del factor precio. Es más, la fijación del valor de mercado también comunica mucho al consumidor. Al encontrar en una góndola un producto que es más caro comparado con otros de la competencia, el consumidor tiende a asociarlo con un producto de mayor calidad, sin prestar demasiada atención a este factor sí mismo. Si aún así el consumidor decide comprarlo o no, ya es otra cuestión, pero la imagen que se va formando en su mente hace su trabajo y será posicionado como un producto superior a los demás.

El mismo trabajo de posicionamiento hace la asociación y sonido del nombre de la marca. Por ejemplo, la línea de mermeladas Patagonia, remite a la belleza del Sur argentino, transmite la idea de un producto elaborado artesanalmente, con materias de primera calidad, autóctono y nos traslada a un lugar especial. Simplemente por llamarse Patagonia dice tantas cosas que imaginamos y no vemos, y seguramente esa asociación hace que determinada gente lo adquiera por sobre otros productos que pueden estar elaborados en instalaciones similares y bajo los mismos estándares de calidad. Lo mismo sucedería con una marca de papel higiénico llamada Soft, ese nombre puede transmitir mayor suavidad y confort que otra marca con otro nombre, y siempre estamos hablando de la asociación mental que el consumidor hace en su mente, no de la real calidad del producto.

El lugar por excelencia de estudio del consumidor es el supermercado. En esta especie de ciudad de compras es en donde tienen lugar la mayoría de las investigaciones de mercado. Los expertos en mercadotecnia logran descifrar comportamientos de consumo que quedan revelados aquí como en ningún otro lugar. Desde la disposición de las góndolas, hasta la ubicación de los productos en cada estante, la localización de un producto está pensada en función del comportamiento de los consumidores. Por ejemplo, los estantes del medio de la góndola son más caros que los de los extremos superiores e inferiores, esto tiene que ver con el rango de visión que generalmente abarca el consumidor. Lo mismo sucede con las puntas de góndola y con los dispenser que están en las líneas de caja, que por lo general venden productos de última necesidad y son ubicados allí porque apuntan a la atención que el consumidor presta a ellos durante el tiempo de espera que tiene para llegar a la caja.

¿Alguna vez pensaron por qué al entrar a los modernos supermercados, el cliente siempre ingresa por el sector electrodomésticos, electrónica, decoración o el de las golosinas en vísperas de las fiestas? Porque estos sectores, que no exhiben productos de extrema necesidad, deben asegurarse el paso de todas aquellas personas que ingresan al centro comercial y apuntan a la compra compulsiva, que es la opuesta a la compra por necesidad. Lo compran porque lo ven, y de no verlo no lo comprarían. Parece extraño pero este tipo de compras compulsivas tiene un índice de incidencia enorme tanto en hombres como en mujeres.

De todas formas, la comunicación de un producto hace parte del trabajo relacionado con llevar al consumidor hasta el punto de venta; una vez que está frente a la góndola, cara a cara con el producto en pleno proceso de elección, la comunicación ha cumplido su objetivo, pero aún no está asegurada la compra. Lo que termina de definirla en el consumidor motivado son diferentes factores como el precio, packaging, percepción de calidad, formas de presentación en cuanto a la cantidad, etc.

Ahora bien, el supermercado es el lugar ideal para estudiar a los consumidores, siempre y cuando la empresa desarrolle productos de consumo masivo que allí se comercializan. Pero ¿cómo puede esto aplicarse a todas aquellas Pymes que venden servicios o productos que jamás ingresarían a un supermercado? En estos casos, lo que suele hacerse son investigaciones en aquellos lugares donde se estima que puede haber mayor concentración de público target. Por ejemplo, una empresa que produce automóviles de bajo costo realiza una investigación de mercado en varias líneas de subterráneo en horas pico. De esta forma, se asegura una gran cantidad de tráfico de personas que reúnen diversas características para formar parte de su público de interés.

También se realizan investigaciones con muestras aleatorias, siempre y cuando sean representativas del público target. Otra técnica para investigar a los públicos de interés para la empresa son los llamados focus group, en los cuales se agrupa a una pequeña muestra de prospectos que den 100% con el perfil del producto y se desarrollan charlas en las cuales expresan libremente sus deseos, actitudes, pensamientos, describen situaciones de la vida cotidiana, problemas frecuentes y todo tipo de situaciones que sólo podrían salir a la luz en un clima particular entre gente con sus mismas características. Por ejemplo, en un focus group un grupo de mujeres de entre 24 y 38 años, profesionales y con poder adquisitivo propio, expresaron que al levantarse para ir a trabajar tienen repetidos problemas para emprolijar su cabello: aquellas que tenían el cabello enrulado se levantaban con mucho volumen y aquellas con cabello lacio solían levantarse con el cabello erizado. Todas concluyeron que sería ideal contar con un producto que, sin la necesidad de enjuagar, les permitiera modelar su cabello sin dejar un aspecto mojado ni engrasarlo. Es así como se desarrollaron las exitosas cremas para peinar que regulan el volumen del cabello ondulado y controlan el frizz.

El empleado, el primer comunicador

Las fallas en materia de comunicación interna, es decir, aquella comunicación que va dirigida hacia los empleados de una empresa, pueden determinar el éxito o fracaso en el costoso trabajo que implica la construcción de la imagen positiva. Es por eso que los empleados tienen la última palabra.

Las empresas trabajan constantemente enfocadas en su comunicación externa, que apunta a diversos públicos: prensa, clientes, proveedores, accionistas, comunidad, etc. Simultáneamente a estos esfuerzos, muchas veces olvidan que la comunicación hacia uno de los públicos más importantes es el primer paso a dar, antes de salir a enviar mensajes al exterior.

Los empleados de una empresa marcan la diferencia a la hora de generar imagen positiva. Una compañía puede invertir grandes cantidades de dinero en campañas de comunicación e imagen, pero la palabra de un empleado de esa empresa puede desplomar en un instante lo que lleva años de trabajo en posicionamiento.

El empleado es uno de los primeros comunicadores hacia el exterior, entre otras cosas, porque es uno de los más creíbles. Vive la organización por dentro, conoce toda su estructura, su historia, sus éxitos, sus fracasos y pasa más cantidad de horas dentro de la empresa que en su propio hogar. Cuando escuchamos a un empleado hablar de su empresa, sabemos que la información que brinda viene "de primera mano", actúa como fuente de información fidedigna y por esa razón es muy difícil de revertir.

Cuando un empleado hace un comentario negativo sobre la empresa donde trabaja, esa información tiene mucho más peso para quien la recibe que cualquier otro tipo de dato que llega por otros medios, ya sea a través de la comunicación publicitaria, como por actividades de marketing promocional o mediante la información periodística.

Es por eso que la comunicación interna, dentro de los planes de comunicación institucional, ocupa un capítulo aparte y requiere de tanta atención y cuidado como toda la comunicación que se apunta al exterior. Simplemente porque, sin una, no es posible lograr eficacia en la otra.

La comunicación que una compañía mantiene con los empleados no siempre tiene que ser en tono de Comunicado de Prensa. Con el público interno, la empresa tiene el beneficio de saber que cuenta con su presencia cuando se organiza una actividad de comunicación.

Los trabajos de fortalecimiento de equipos de trabajo, las actividades recreativas, deportivas, lúdicas y la dinámica de grupos, no sólo pueden utilizarse en el marco del anuncio de una novedad dentro de la empresa, sino que además ayudan a fortalecer el vínculo y conocimiento entre los empleados, favorecen el clima de satisfacción en el cual ellos pueden conocer a su equipo de trabajo en otras situaciones, mientras que los coordinadores pueden identificar qué tipo de personalidades son más afines y de esta forma configurar equipos de trabajo más productivos.

Asimismo, mantener los altos niveles de satisfacción es un compromiso que deben tomar todas las áreas de la empresa.

Un empleado feliz no sólo es un empleado más productivo sino que es la prueba irrefutable de todo lo positivo que se puede decir de una empresa.

Flujos de comunicación dentro de la empresa

Dentro de una empresa, independientemente de su tamaño, el tipo de comunicación que se establece entre las personas de diferentes niveles jerárquicos y entre personas de un mismo rango puede ser más formal o informal, pero en función de quiénes intervienen en ella será, en el primer caso, vertical, y en el segundo, horizontal.

De este modo, se establece una comunicación:

» Vertical descendente: cuando se transmite información desde altos niveles jerárquicos a puestos de menor jerarquía, por ejemplo, del Director de la compañía a un Gerente o a un Jefe de Área.
» Vertical ascendente: es el caso inverso, es decir, cuando la información se dirige, por ejemplo, de un operario a un encargado.
» Horizontal: se da entre departamentos, generalmente de un mismo nivel dentro del organigrama de la empresa. Fortalece los vínculos interpersonales y promueve una mayor sinergia entre las diferentes áreas de la organización.

En todos los casos, la comunicación dentro de la empresa facilita el logro conjunto de objetivos, una baja incidencia de bloqueos en el flujo de información y un mayor sentido de pertenencia.

Algunas de las herramientas de comunicación interna más usuales

House organ: es una revista dirigida exclusivamente a públicos internos y su familia con una frecuencia mensual o bimestral. Está a cargo del Gerente de RRPP, y colaboran con su aporte los públicos internos que deseen hacerlo, donde figurará el nombre, apellido y sector de la empresa de la persona que participó en los temas de la revista. Contiene información sobre actividades en las que ha participado la empresa, planes de desarrollo e incluso secciones de entretenimiento.

Folletos instructivos: se imprimen para las personas que ingresan a la empresa, pudiendo recibirlo aun antes de comenzar a trabajar en la organización. Informa acerca de las características de la empresa con el objetivo de familiarizar a quien se desempeñe próximamente en ella.

Guías: son ediciones dirigidas a públicos internos que ya están incluidos en la organización. En ella aparecen actualizaciones de la información, si hay cambios de estructura.

Carteles: de diferentes tamaños y materiales, se colocan para dar instrucciones o hacer advertencias con respecto a la seguridad. Es un instrumento formal de seguridad.

Tablero de anuncios o Cartelera de novedades: es un especie de pizarra en donde se escriben o se pegan folletos y/o papeles varios con diferentes tipos de información. Es informal y se utiliza para dar a conocer directivas nuevas, para permitir una mayor comunicación vertical y horizontal y como una estrategia para desmentir rumores. La información que brinda complementa al house organ. Siempre se coloca en espacios de uso común como puede ser el comedor, o bien en sitios de mucha circulación como pasillos, halls de entrada, etc.

Memorias: acompañan el balance (estado de cuentas). Se trata de una breve historia de la organización con mayor detalle de lo realizado en los últimos años la empresa, en respuesta al balance. La memoria se realiza en el departamento de RRPP, mientras que el balance se efectúa en el departamento contable y constituye una información pública, no confidencial de la empresa.

Intranet: es una red de computadoras de una empresa que utiliza la tecnología de Internet para compartir información de forma segura entre todos los empleados de la organización. Es similar a Internet, pero es privada. Facilita las consultas entre diferentes departamentos, la transmisión de comunicados generales y novedades de la organización a todos los integrantes de la empresa en forma inmediata, puede contener archivos a los que pueden acceder los empleados sin moverse de su oficina. Además, tiene un fuerte perfil ecológico, ya que evita el uso indiscriminado de papel.

Reuniones regulares: la comunicación abierta y sistemática ayuda a fortalecer la lealtad y el compromiso entre la gerencia y los empleados, sumando el valor agregado de un sentimiento de orgullo por el aporte personal de cada uno gracias al cual la empresa logra sus objetivos. Son funcionales para mantener activos los vínculos y propiciar el intercambio de información, ideas y propuestas.

Teleconferencias: permiten la comunicación entre dos o más personas ubicadas en lugares distantes. Sirven también para dar cursos, discursos, conferencias o para conversaciones privadas. Evita costos de traslados, viajes y estadías, y economiza tiempo.

Jaque Mate a la Estrategia

Cuando el entorno es el que dibuja el camino para lograr el objetivo.

Supone para mí un gusto que Nadia, autora de este libro y colega, me haya pedido escribir sobre reformulación de estrategias. Mi nombre es Natalia Martini, soy Directora de NM Comunicaciones™. Como Nadia, trabajo en consultoría de comunicación desde hace varios años.

En esta oportunidad, quisiera compartir con ustedes la experiencia obtenida luego de un replanteamiento de programa y los detalles que acompañaron la decisión.

Hay una definición de Hax y Majluf[4] que me gustaría transcribirles como introducción al desarrollo de este tema; ellos afirman: "*el concepto de estrategia es de carácter multidimensional ya que abarca todas las actividades críticas de la empresa, proporcionándole un sentido de unidad, dirección y propósito así como facilitando los cambios necesarios inducidos por su entorno*".

Analicemos el siguiente caso: hace un tiempo, un escritor muy reconocido en Centroamérica, me contacto con el objetivo de fomentar un clima de opinión favorable para la publicación de sus novelas en Argentina.

Él es un autor con importante trayectoria en el ámbito literario, incluso un poderoso grupo editorial publica sus libros en la región. Escribió varias novelas, algunas de ellas con menciones importantes, que lo llevaron a recorrer América cosechando éxitos y premios.

Argentina siempre le resultó un mercado interesante para vender sus libros, en principio porque la cultura ocupa aquí un lugar importante para la gente; prueba de ello, las tantas expresiones culturales y artísticas, la convocatoria de la Feria del Libro, las megalibrerías, los cafés de lectura y tantas otras manifestaciones artísticas que hacen de Argentina una plaza, además de interesante, muy competitiva.

En este sentido, las amenazas que enfrentábamos eran: la amplia oferta de títulos, las políticas localistas de las editoriales de privilegiar a autores argentinos y los bajos riesgos que asumen en la apuesta a nuevos productos.

Hoy, publicar un libro es una tarea difícil; mi cliente y yo lo sabíamos pero, aun así, creíamos en la propuesta. Todo estaba por hacerse, no había nada más que convicción y confianza, y fue suficiente para que la capacidad de innovar se potencie y sobre la base de la creatividad se planearan y ejecutaran las acciones, de modo que nos aventuramos y planeamos una campaña de seis meses para poner en marcha una estrategia de posicionamiento de su nombre en el sector literario. Para ello contactamos a editores, escritores, periodistas especializados, docentes de talleres de escritura, aficionados a la lectura, entre otros. A todos les entregamos en mano un libro de su autoría, asegurándonos que quién lo recibiera nos enviaría un comentario.

Uno de los objetivos del programa era: aumentar el nivel de notoriedad en

---

4. Hax, A.C. & Majluf, N.S. (1991). The Strategy Concept and Process. A pragmatic approach. NJ: Prentice-Hall los medios de comunicación y en la comunidad literaria argentina, para crear un clima propicio a la edición de las obras en nuestro país.

Respecto a la difusión en los medios, lo que hicimos fue enviar artículos del escritor y conseguir entrevistas.

Con frecuencia quincenal enviábamos a la editorial los recortes de prensa y las referencias por escrito de las personalidades destacadas que habían leído el libro.

La intención fue influir en la editorial para que notara que el escritor tenía potencial y que, sin un libro publicado en el país, él era noticia y generaba interés en la comunidad.

La campaña había sido correcta, el nivel de notoriedad estaba en aumento, pero nuestro objetivo no era suficiente para sentarnos a negociar con la editorial la publicación de sus libros.

En la puesta en marcha de un programa, múltiples acontecimientos se sucederán e irán dando marco a nuestras acciones. Si concebimos a la estrategia como algo rígido y poco flexible, no daremos lugar a las estrategias emergentes[5], que en mi opinión surgen para aprovechar oportunidades, sortear obstáculos y adaptarse mejor a los nuevos contextos.

Nuestro cliente no escribía best sellers ni libros de autoayuda. Y la editorial buscaba certidumbre, mercados ya cautivos. Y ahí encontramos el más grande obstáculo. Necesitábamos, además de salir en las noticias y tener notoriedad, un mercado dispuesto a consumir el producto.

A dos meses de planteado el programa, nos dimos cuenta de que necesitábamos tomar un desvío y buscar también mercado, además de hacer prensa: encontrar quiénes serían nuestros lectores y generar con ellos un trabajo personalizado. Era necesario reformular el programa.

Siempre hay que recordar que la meta de un consultor es: mantener al cliente luego de concluido el programa. Y para esto, la única receta es hacer caminar el negocio.

La re-estrategia que propusimos fue elegir una de las obras del escritor que se adaptará para el trabajo en clase en la materia literatura del ciclo secundario. Él escribió una novela juvenil que cuenta con diversidad de recursos literarios, además de promover valores importantes y tratar temas sociales.

Visitamos colegios, dejamos el material para que los profesores pudieran tener un primer acercamiento a la obra del escritor y evaluaran la posibilidad de utilizar el libro en clase.

La acción fue asertiva y obtuvimos ochenta comentarios de los docentes sobre el libro y veinte profesores dispuestos a utilizar el material en clase. La aceptación de la propuesta por parte de los docentes representaba, para nosotros, una demanda de seiscientos libros, ya que por curso hay aproximadamente treinta alumnos.

---

5. Henry Mintzberg, Bruce Ahlstrand y Joseph Lampel "Safari a la estrategia", Editorial Gránica.

Comenzó entonces la negociación con la editorial para la primera importación de libros.

En medio del trato, nuevos obstáculos fueron surgiendo: los impuestos aduaneros que hacían encarecer el precio del ejemplar y repercutían en la competitividad del libro.

Fue entonces cuando tuvimos que encontrarle un valor agregado a la propuesta de trabajar en clase con la obra para que los profesores no nos abandonaran en su decisión de adoptar el material. Y ahí fuimos por una nueva reformulación del programa.

Propusimos al escritor un encuentro con los alumnos, a fin de trabajar con ellos los aspectos relacionados con las temáticas del libro. El formato que le dimos fue de taller literario: el escritor, cara a cara con los alumnos, generando un ida y vuelta enriquecedor que convirtió a la jornada en un éxito. Hoy, sus libros están distribuidos en las principales librerías del país.

Ahora bien, pensemos: ¿qué hubiera pasado si los profesores no encontraban "algo más" que los aliente a seguir pensando en trabajar con el libro pese a su costo?

En la primera etapa, también la reformulación fue lo que hizo fluir la propuesta; recuerden que las acciones de prensa y los avales literarios no eran suficientes para sentarnos a negociar con la editorial.

Es posible que hagamos las cosas correctamente, pero aún así hay que asumir el hecho de que es el entorno y sus agentes los que tienen el peso decisivo en la determinación de las tendencias, oportunidades y restricciones que enfrentan las campañas de comunicación. Y en este punto, quiero destacar lo importante de adecuar nuestras propuestas a las circunstancias que se nos presentan, no solo no perdemos, sino que ganamos al poder ofrecer miradas diferentes e innovadoras.

Es importante, desde el inicio de un programa, hacer consideraciones de ampliación y replanteo de acciones, de acuerdo a las variables que puedan alterar nuestro curso de acción.

Vivimos en una sociedad dinámica, todo fluye y se mueve, muta, cambia rápidamente. Y los contextos están siempre relacionados con las acciones que pudiéramos emprender en nuestra vida profesional.

Por eso es necesario monitorear lo que sucede con el proyecto en todas las etapas y con todos los públicos que involucremos. En mi caso, cuando noto que los resultados que estamos teniendo no nos acercan al objetivo principal, replanteo la propuesta.

Es difícil decirle al cliente: "tenemos que repensar su programa", es un momento "espinoso", pero más dificultoso es mostrar resultados que no satisfacen las expectativas. Recordemos que tenemos un compromiso importante en hacer que el proyecto prospere y genere luz propia.

Cuando repensamos la estrategia, puede suceder que el cliente no lo entienda y cualquier replanteo sobre el plan perturbe y en ocasiones siembre la semilla de la duda sobre nuestra capacidad profesional. Y en este punto es donde no tenemos que ser condescendientes con el cliente, porque pagaremos un precio muy alto por ello.

Una reformulación supone horas extra de trabajo para el consultor y para el cliente. Y también implica preocupación respecto al control y vulnerabilidad del programa.

Al asumir un trabajo de asesoría, es necesario pactar con el cliente una sociedad donde cada parte asuma su cincuenta por ciento de responsabilidad sobre el programa; en cada etapa habrá que trabajar y sentarse a hacer ajustes.

Es vital visualizar junto al cliente la estrategia como algo flexible que podrá cambiar durante el desarrollo de las acciones.

Nos contratan para alcanzar un objetivo, y en función de preservar el sentido mismo de lo que estamos haciendo, hay veces que la reformulación es un camino que podemos tomar para adecuar la estrategia a las nuevas oportunidades y/u obstáculos que se presenten.

Cuando hablo de reformulación, me refiero a replantear la estrategia y táctica del programa, nunca a reformular un presupuesto. Si el cliente nos contrata por un periodo de seis meses, no podemos, a los noventa días, decirle que necesitaremos más presupuesto, pero sí podemos explicarle que involucraremos un nuevo público o diagramaremos nuevas acciones en función de aprovechar una oportunidad que antes no existía. En ese caso, se puede distribuir nuevamente el presupuesto y diagramar un nuevo cronograma de acciones para darle lugar y recursos a las nuevas ideas.

Si pensáramos en un programa de comunicación con un plazo de ejecución de dos años, es evidente que muchas cosas relacionadas con los factores económicos, sociales y políticos pueden suceder en el transcurso, además, de los propias cuestiones que surgen desde los mismos programas, de modo que es posible que nos veamos en la necesidad de reformular, para estar más cerca de nuestro objetivo, para que nuestro proyecto genere resultados y se adapte al entorno, para que se fortalezca frente a los obstáculos y podamos implementar acciones de distinta índole para superarlos.

Hoy el entorno se impone y nos dibuja el mapa por el cual seguir, como una brújula capaz de orientar nuestras acciones y derrotar el misterio que supone lo que vendrá.

Natalia Martini es Licenciada en Relaciones Públicas e Institucionales de UADE (Universidad Argentina de la Empresa).
Es fundadora y editora del Primer Portal de Relaciones Públicas RRPPnet (www.rrppnet.com.ar) desde el 2001.
Dirige actualmente su propia consultora de comunicación NM Comunicaciones™ (www.nmcomunicaciones.com.ar), radicada en la Ciudad de Buenos Aires, Argentina.

CAPÍTULO 3

Comunicación para PyMES

Para que tengamos idea del decisivo protagonismo que tienen las PyMES en la Argentina y por ende la necesidad de prestar debida atención a sus demandas de comunicación, observemos los siguientes datos.

Según el Ministerio de Desarrollo Económico del Gobierno de la Ciudad de Buenos Aires hay en nuestra ciudad 170.000 unidades productivas que ocupan a 650.000 personas, el 80% de las cuales son microempresas con menos de 4 empleados. Los microemprendimientos, denominados por el Ministerio de Desarrollo como MIPyMES representan el 99% del total de unidades productivas de la ciudad, involucrando el 48% del empleo registrado.

Si bien las PyMES tienen alta participación en todos los sectores de la actividad económica, se destacan por la cantidad de puestos de trabajo que generan en el sector de comercio y de servicios explicando el 61% y el 57% del empleo en total de los mismos, respectivamente.

Dentro del universo PyME la mayor cantidad de firmas se concentra en el sector servicios (48%) y en el comercio (35%).

Por su parte, en la actualidad se ponen en marcha entre 10 y 15 mil emprendimientos formales. Según investigaciones del Global Entrepreneurship Management del año 2008, la Argentina sigue ubicándose como una de las diez naciones más emprendedoras y Buenos Aires supera a París, Madrid, Barcelona, Amsterdam y New York en el número de emprendimientos registrados.

Los resultados del GEM llevan a estimar que uno de cada 7 argentinos de entre 18 y 64 años, está involucrado en algún tipo de actividad emprendedora y alrededor del 60% de los emprendedores argentinos están basados en la oportunidad y no en la necesidad. Durante los años 2003 a 2006 se produjo una reducción en los emprendedores conducidos por necesidad, lo que explicó gran parte de la disminución en el total de los entrepreneurs en etapas tempranas e ilustró una situación más estable con mejores perspectivas para el futuro que las que fueron evidentes durante la crisis económica y social que golpeó al país a finales del 2001. Cabe destacar que en el año 2007, por primera vez después de la crisis, se produjo un aumento de los emprendedores por necesidad, que se traduce por el incremento general de la tasa de actividad emprendedora en edad temprana. En el 2008 continuó esta tendencia aumentando así el porcentaje de emprendedores por necesidad.

La Argentina, con casi 16 mujeres cada 100 que emprenden, se ubica entre los países con alta participación femenina, aunque los hombres son 1.3 veces más emprendedores, según este estudio. La actividad emprendedora en Argentina tanto en hombres como mujeres aumenta con el nivel educativo.

Según el Global Entrepreneurship Management se deben identificar tres componentes principales que se encuentran asociados con el proceso emprendedor:

» Actitudes emprendedoras
» Actividades emprendedoras
» Aspiraciones emprendedoras

Las actitudes emprendedoras se definen como el nivel de riesgo que la persona está dispuesta a soportar y la propia percepción que el individuo tenga de sus habilidades, conocimientos y experiencia en la creación de un negocio.

La actividad emprendedora es multifacética. Un aspecto importante es el grado en que las personas en la población están creando nuevas actividades de negocios, tanto en términos absolutos como en relación con otras actividades económicas. La actividad emprendedora es mejor vista como un proceso, más que un acontecimiento.

Es importante tener en cuenta que para este estudio intervinieron 43 países, se entrevistaron a 150.000 personas y trabajaron 1.300 expertos y 200 investigadores. La encuesta se realizó meses antes de que estallara la crisis mundial del año 2008, aunque los resultados dejan entrever que la intuición emprendedora ya anticipaba un escenario crítico.

Otro aspecto interesante de esta edición del GEM es la identificación de la capacitación y educación como una condición que afecta los niveles de actitudes, aspiraciones y actividad emprendedora, que posteriormente influye en el nivel de las nuevas empresas en la economía.

El papel de la comunicación en la gestación de la empresa

Así como evoluciona la administración de los recursos humanos y las empresas comienzan a entender que el mejor capital invertido es en un equipo de trabajo capacitado y motivado, los comunicadores vemos hoy en los emprendimientos la promesa más concreta de un nuevo mercado emergente que necesita ser impulsado desde sus primeros pasos.

En la etapa inicial de cualquier proyecto, la comunicación resulta esencial. Sin embargo, no todos los entrepreneurs y/o empresarios PyMEs llegan a descubrirla a tiempo, lo que les representa mucha más inversión de trabajo y capital, al intentar ponerla en marcha cuando el proyecto ya está avanzado. En esta primera fase, la comunicación ayuda a dar a conocer -bajo una misma idea conceptual- las primeras acciones de marketing y publicidad, pero fundamentalmente colabora en la construcción de una imagen corporativa uniforme, que resultará un elemento clave para el éxito en la etapa posterior de posicionamiento y crecimiento de la empresa en los mercados target.

¿Por qué decimos que la comunicación temprana es fundamental para apuntalar la etapa de posicionamiento? Porque en la mente de los públicos, cuanto antes conozcan sobre la empresa, su cultura, sus valores y hasta sus buenas acciones (llámense acciones de RSE), mejor van a conceptuar la empresa en su mente, más rápido van a incorporarla en su *top of mind* y por ende, más fácil será el trabajo de posicionamiento.

Es por eso que el trabajo del área de comunicación debe considerarse como una actividad necesaria en la gestación de la empresa, tanto como el de otras áreas de vital importancia como las de ventas, finanzas y administrativas, y sobre todo una actividad que debe ser constante y sostenida en el tiempo.

Por sus características, en la gestión de comunicación, los buenos resultados (conseguir que los públicos de interés para la empresa se formen una imagen positiva de la misma) se logran gradualmente gracias a la constancia y el trabajo continuo y no se vale de éxitos instantáneos ni campañas fugaces. Si bien las campañas fugaces o puntuales pueden ser de utilidad para ciertos momentos de la empresa, por ejemplo en el lanzamiento de una campaña, una acción de marketing o una estrategia de prensa determinada, estas acciones puntuales no son más que un eslabón en el plan integral de comunicación estratégica de la empresa para lograr la percepción de los públicos buscada y el posicionamiento deseado.

Los efectos de la comunicación pueden percibirse de lejos y de cerca, en los grandes acontecimientos y en los pequeños detalles. Pueden leerse, hablarse, escucharse o hasta incluso pensarse, ya que imprimen un registro indeleble en el imaginario de toda una sociedad. Y es precisamente por este último factor que la comunicación corporativa es uno de los elementos intangibles por excelencia y, consecuentemente, el más frágil y difícil de cuidar.

Así como un emprendimiento nace de una idea, la esencia de la comunicación es la asociación de ideas cargadas de sentidos, sentimientos, valores, conductas culturales, conceptos y percepciones, que se unifican en un todo coherente y consistente. La clave está en lograr que esa comunión de ideas genere en las personas una fuente inequívoca de asociaciones positivas que conlleven al crecimiento del negocio y al éxito del entrepreneur o empresario PyME.

¿Cómo comunicar durante el *Start Up*?

El comienzo de un emprendimiento es un momento de muchas definiciones. Es ahí cuando cabe detenerse a pensar si es preferible establecerse y definir ciertos aspectos antes de salir a comunicar, o bien aprovechar el inicio del proyecto como primer escalón hacia un posicionamiento bien definido.

Sabemos que el *Start Up* es un momento en el cual un proyecto está en plena etapa de gestación y pocas veces los responsables del emprendimiento lo ven como una etapa en la cual la comunicación que apunta al posicionamiento de la marca puede empezar a desplegar lazos hacia sus principales públicos de interés.

Muchas veces en el *Start Up* la empresa no tiene completamente definida su estrategia comercial y posiblemente la planificación comunicacional pierde motivos sustanciales para activar proyectos o campañas de relaciones públicas. Lo importante a detectar en esta etapa es cuáles van a ser los públicos prioritarios a los cuales debemos prestar especial atención para poder capturar su interés, en un proceso de posicionamiento que naturalmente requiere esfuerzos de comunicación a largo plazo.

Si bien lo primero que debemos hacer para organizar la gestión de comunicación es la definición general de públicos, el verdadero desafío del responsable de esta área consiste en clasificar cuidadosamente cuáles son los acontecimientos importantes a comunicar, y en función de ello a qué tipo de públicos van a apuntar. Luego es preciso encontrar los canales, los momentos y los medios más consistentes para lograr el objetivo de capturar la atención.

Es por eso que el tipo de comunicación durante el *Start Up* es clave, ya que ayuda a alcanzar el posicionamiento buscado desde el inicio, dando la posibilidad de ajustar los márgenes de error para encauzar la comunicación con más fuerza y efectividad.

Una vez analizado el campo de acción y elegidos los canales, el conocimiento que tengamos de nuestro público objetivo nos dará información acerca de cuáles son los momentos más indicados para comunicarnos, pudiendo controlar que el mensaje llegue de la forma más directa, se ajuste a las necesidades de los públicos y cumpla los objetivos de comunicación. En muchos casos el factor tiempo es determinante ya que una noticia deja de serlo instantáneamente por cuestiones ligadas al tiempo o, más precisamente, al destiempo.

Con todos estos aspectos tenidos en cuenta, la gestión podrá ser exitosa si se recuerda que siempre una comunicación tiene que brindar una noticia interesante, en el momento indicado, de acuerdo al tipo de público y de la forma más original, que es la que en definitiva va a captar el interés. Y si a todo esto le sumamos la capacidad de realizar métodos de medición sobre la comunicación, estaremos en condiciones no sólo de comenzar a probar la efectividad de esta práctica, sino que tendremos elementos concretos que nos aseguren su alto rendimiento en una planificación a futuro.

La comunicación integrada en la primera etapa puede darle a un emprendimiento la potencia inicial necesaria para:

» difundir el elemento diferencial del proyecto
» comenzar a instalar su marca desde el comienzo en la mente de los consumidores
» capturar al target deseado, desde los canales de comunicación menos pensados

El deseo de un proyecto propio muchas veces comienza con una idea que nos "ataca" y capta nuestra atención, esto promueve cierta ansiedad tal vez motivada desde íntimos deseos de libertad, independencia y autonomía.

Pero antes de dar siquiera el primer paso debemos saber que, inevitablemente, los obstáculos a atravesar serán diversos. Una buena opción a la hora de comenzar es analizar en profundidad los elementos que definen la identidad del proyecto y considerarlos de forma integrada. De esta manera se podrán destacar los puntos fuertes que conforman la razón de ser del negocio, haciendo énfasis en aquello que se quiere destacar y por lo cual se quiere ser reconocido.

Si se piensa la comunicación como un trabajo de ingeniería, en el que la construcción de la imagen es progresiva, se concibe a largo plazo y que depende de muchas otras áreas de la organización, es ahí cuando esta práctica se convierte en una práctica natural que permite desplegar diversas alternativas mediante las cuales se puede llegar al objetivo deseado de la forma más directa.

En la etapa inicial, la construcción de una imagen corporativa uniforme resulta clave para alcanzar un posicionamiento firme y lograr, a largo plazo, que la marca ocupe un lugar especial en la mente de los futuros consumidores.

A la hora de planificar una comunicación orientada a los objetivos, se deben tener en cuenta todos aquellos elementos que hacen a la identidad del proyecto, que deben ser congruentes y coherentes en todos los ciclos de vida de la organización.

El inicio es un ciclo primordial y esencial, el ciclo por el que atraviesan todos los emprendedores durante el comienzo de un nuevo proyecto. Y es justamente esta etapa la que define gran parte del futuro de un proyecto.

Una vez que la empresa alcanzó cierto crecimiento y deja de estar en la etapa de Start Up, habrá que revisar le estrategia de comunicación y rever los objetivos de modo de darle continuidad con el plan inicial.

Cómo gestionar la comunicación en una PyME

El primer aspecto fundamental a considerar cuando buscamos vender nuestro producto o servicio es que no se puede comprar aquello que no se conoce.

El segundo, es que no importa el tamaño de su empresa: ya se trate de un Holding o una PyME, siempre necesitará llegar a su target para comunicarle los beneficios de su producto y las ventajas de elegirlo entre todos los disponibles en el mercado.

Una ventaja que poseen las PyMEs al respecto, es que su percepción está ubicada en la mente del público como más "cercanas", y por lo tanto permiten establecer un lazo más directo y hasta podría decirse más familiar a la hora de construir un vínculo afectivo empresa-consumidor.

Muchos dueños y gerentes de PyMEs ya conocen este beneficio diferencial por sobre la imagen corporativa lejana e impersonal que transmiten muchas de las empresas multinacionales y han sabido sacar debida ventaja, como por ejemplo tener una llegada más directa, una imagen corporativa más ligada a las necesidades personales que los productos producidos en forma masiva, una expectativa de satisfacción ligada a una atención más personalizada en el caso de los servicios de post-venta y asesoramiento, por citar algunas.

Una premisa básica de la comunicación corporativa es que siempre hay algo para comunicar. El especialista será quien lo ayude a determinar qué, cómo y cuándo hacerlo. Ya se trate de novedades, lanzamientos, récords de venta, cambios o incorporaciones en la organización, la firma de un nuevo contrato, una nueva alianza estratégica, que podrán dirigirse tanto a los clientes y potenciales clientes como a empresas del sector, proveedores, ONGs, el gobierno o la comunidad. Conviene incluir, además, la presencia en congresos y eventos, acciones de RSE, premios o mediciones de resultados que merezcan ser comunicadas.

Además de la comunicación planificada, suelen aparecer oportunidades de comunicación según acontecimientos fortuitos, que pueden estar relacionados con sucesos del mercado, la coyuntura política o hechos imprevistos, como el que sucedió en la empresa Taringa que explico más adelante en "El sentido de la oportunidad: Caso Taringa" (página 77 de este texto).

Ventajas de las PyMES con respecto a las grandes empresas:

Hay ciertas características propias de las PyMEs que las destacan en comparación con las grandes empresas con mayores estructuras. Estas características diferenciales son las que el agente o responsable del área de comunicación debe tomar como punto de partida y elemento distintivo a la hora de delinear la estrategia comunicacional, como por ejemplo:

» Flexibilidad: las PyMEs pueden reaccionar en forma más ágil debido a que no poseen una gran estructura que implique métodos de procedimiento más "pesados". De este modo pueden adaptarse rápidamente a las cambiantes tendencias del mercado y las preferencias de los consumidores.

» Mayor capacidad de cambio en menor tiempo.

» Mayor plataforma de consenso por poseer un directorio más acotado y centralizado en menos cantidad de integrantes.

» Gerenciamiento más personalizado que en las grandes compañías. Este es un rasgo distintivo que el cliente busca cada vez más: atención y servicio personalizados, que las grandes corporaciones nunca podrán implementar de igual manera.

» Mayor grado de especialización que permite manejar la proyección en forma absolutamente focalizada. Hoy muchas PyMEs son los grandes expertos del mercado.

» Redes estratégicas con mayor fidelización, ya que al establecer relaciones con mayor grado de "intimidad" con clientes y socios estratégicos se generan vínculos más sólidos basados en la lealtad, la satisfacción y la confianza.

¿Por qué una Pyme debería recurrir a un especialista en comunicación?

A la hora de decidir la compra, el consumidor no mide el tamaño de la empresa (si es una PyME o una multinacional) sino su grado de conocimiento sobre ella. Las marcas conocidas o sobre las que puede dar alguna referencia son las primeras en las que piensa y, por lo tanto, también son las primeras que elige.

Para que una empresa pequeña o mediana se imponga en el mercado debe primero ser conocida y valorada, y esto se logra de un modo directo y efectivo a través de un plan integral de comunicación.

Pasaron los tiempos en los que se consideraba a la publicidad y las RR. PP. como un gasto. Hoy los costos de comunicación ocupan un lugar relevante en el planeamiento estratégico de toda empresa que desee sobrevivir en un mercado cada vez más competitivo.

Pero no todo es cuestión de costos. Para evaluar la efectividad de un plan de comunicación es necesario invertir dinero, tanto como recursos humanos, entendiendo que "recursos" involucra herramientas básicas como creatividad, análisis y capacidad de gestión en todas las áreas, no sólo en las vinculadas al marketing y la publicidad. Las actividades de comunicación son aliados estratégicos infaltables, sin embargo no son infalibles si carecen de un apoyo desde todos los sectores de la empresa. Y viceversa, ya que muchas empresas muy eficientes en su rubro han fracasado por causa de una falta de posicionamiento en el mercado o un error en su enfoque comunicacional.

El especialista en comunicación es el referente que, a modo de consultor o coach, asesora en materia de diagnóstico, correcciones, planeamiento y ejecución de acciones comunicacionales. Consultarlo permite retornar con creces la inversión en comunicación por parte de la empresa, lo cual es perfectamente medible y contrastable cualitativa y cuantitativamente.

Muchas PyMEs, al tener una breve historia de vida, requieren una mayor asistencia en cuanto a la dirección de sus proyectos y objetivos, especialmente en los comienzos. Por ese motivo, un comunicador profesional puede brindarles un aporte fundamental para evitar la improvisación, el exceso de confianza de un management que se está iniciando y la dispersión característica de las empresas nacidas con una fuerte carga de intuición por sobre la planificación.

¿Por qué una Pyme necesita "hacerse prensa"?

Lo que se llama gestión de prensa o "hacer prensa" dentro de una empresa, se refiere a la oferta informativa que la empresa brinda a los medios (radio, prensa escrita, televisión o internet) sobre diferentes temas, que pueden ser de interés para éstos y que la empresa tiene necesidad de difundir.

Un ejemplo sería: un laboratorio farmacéutico lanza una nueva droga para combatir determinada enfermedad. En consecuencia, el agente de prensa de ese laboratorio ofrece a periodistas, que escriben en suplementos o secciones de salud de diferentes medios, información sobre cómo esta nueva droga ayuda a combatir o prevenir dicha enfermedad. A la empresa le interesa difundirlo para vender el medicamento y le importa que el público conozca sus beneficios. Al periodista le interesa difundir esta novedad porque tiene como función social transmitir noticias e informar sobre temas que sean de interés para los públicos. Por ello es que llamamos a la relación que los periodistas tienen con las agencias de prensa o los departamentos de prensa de las empresas, una relación de mutuo beneficio, en la que uno comunica de acuerdo a sus necesidades de difusión y el otro busca información que sea de interés para sus públicos.

Cuando las necesidades de comunicación de la empresa coinciden con las demandas de comunicación de los medios, la gestión de prensa se realiza con éxito. Y es en esa dirección hacia donde deberían dirigirse los departamentos de prensa a la hora de planificar sus estrategias de comunicación con los medios: cómo lograr que la información que necesito difundir coincida en la mayor medida posible con la que los medios de comunicación necesitan para ofrecer a sus públicos. Por ello es fundamental que el agente de prensa tenga un profundo conocimiento de cómo se trabaja en los medios, en qué momentos conviene contactarlos, cómo debe prepararle la información a un periodista, etc.

En el siguiente gráfico podemos ver el camino que recorre la información desde que es generada por la empresa y el feedback que genera la respuesta del público.

La empresa genera una noticia o transmite información institucional en "crudo" al agente de prensa.

En base a esa noticia o a esa información el agente elabora un comunicado de prensa, artículo o gacetilla informativa.

En base al tipo de información que contiene esa comunicación se seleccionan los medios y periodistas que la recibirán.

Los medios interesados publican la información.

El público objetivo recibe la información y comienza a formarse una imagen de la empresa.

El ciclo se reactiva cuando la empresa monitorea la percepción de su imagen en los diversos públicos y así vuelve a generar una noticia para seguir posicionando su imagen si la respuesta es positiva, o realizar los cambios que sean necesarios según los resultados del monitoreo.

Toda empresa tiene su punto fuerte, su especialidad de interés, eso que lo diferencia del resto y por lo que ha crecido o tiene grandes posibilidades de crecer en el mercado.

Tomar conciencia de que el expertise de una empresa, cualquiera sea su tamaño, es uno de los motivos de atracción más fuertes y fidedignos hacia la prensa es algo que no siempre suele suceder. Sin embargo, es lo que ocurre cuando los CEOs o altos directivos no pueden ver a la empresa como fuente de información precisa, segura y, sobre todo, real para los medios masivos de comunicación.

Los medios viven a la búsqueda de nuevas y buenas noticias, frescas, ingeniosas y de interés para sus lectores, oyentes o televidentes, noticias que pueden ser contrastadas con la realidad social del país.

De esta forma, para lograr convertirnos en fuente de información de interés debemos saber que, más allá de la investigación de rigor que el periodista hace a la hora de estructurar una nota, siempre es mejor que esté al tanto de nuestra existencia, de quiénes somos, cuántos años de experiencia tenemos en el mercado y cuál es nuestra especialidad.

Una realidad a tener en cuenta es que cuanto más común sea ese expertise aplicado a la empresa, más aún se debe recurrir a la especialización y actualización continua, a fin de ganar posiciones en la carrera de referentes hasta llegar a convertirse en una verdadera y única fuente de información, al menos para una determinada región.

El momento ideal para dar a conocer nuestra especialidad es lo antes posible, para tener un lugar preferencial en la "lista de referentes del medio". No obstante, hay que considerar que esto sólo sucederá si somos conscientes y responsables de que tenemos fundamentos para acreditar esa especialidad.

Los recursos por los cuales podemos llegar a la prensa son diversos, pero debemos tener en cuenta una premisa fundamental: la empresa siempre debe ayudar al periodista en su función de comunicador social, y no entorpecer su trabajo apabullándolo con información que no le es útil.

Por eso es recomendable hacer una buena investigación y selección de aquellos medios y secciones que pueden ser foco de interés de nuestra información. Luego de establecer selectivamente quiénes serán nuestros portavoces ante la opinión pública podremos articular diversas acciones de acuerdo a la importancia de la información y a su ubicación dentro de los temas de interés en la agenda del día, tales como:

» La organización de desayunos de trabajo.
» La convocatoria a mini-conferencias de prensa, selectas y acotadas.
» El envío de material de prensa bien presentado, jerarquizando la importancia de la información a transmitir.

Una vez que informamos adecuadamente al periodista, que mantenemos con él un vínculo interactivo positivo y que logramos convertirnos en su fuente de consulta permanente y actualizada sobre nuestro expertise, hemos alcanzado uno de los objetivos de comunicación básicos a la hora de posicionarnos como referentes absolutos en determinado tema.

Cuando esto ocurre, tenemos la certeza de que cuando quieran información precisa y confiable, nosotros seremos los primeros en ser consultados.

Empresa familiar ¿comunicación profesional?

Quienes forman parte de una PyME familiar saben que están a cargo de una estructura de trabajo que puede traerles más gratificaciones personales y profesionales que otro tipo de organización. Aunque también reconocen que pueden ocasionarles momentos difíciles de sobrellevar, signados por sentimientos que otro tipo de empresas no generan.

Entre las ventajas de las PyMEs familiares encontramos, en primer lugar, el fuerte lazo de pertenencia, generalmente unido a una pasión por resolver cada dificultad de modo de "alivianar la carga" a los familiares con quienes se comparte la tarea. Muchos sienten a la organización como si fuera un ser que merece igual cuidado y atención que una persona, disfrutan de su crecimiento y suelen utilizar palabras afectivas para hacer referencia a ella, en lugar del habitual lenguaje competitivo o impersonal de muchas grandes corporaciones.

Es también habitual que el compromiso familiar, el sentimiento de unidad y el luchar por un ideal compartido sean un factor común, llegando a absorber una cantidad de tiempo de trabajo no pautada, lo que se traduce en una falta de horarios previsibles y, en algunos casos, en un exceso de dedicación, incluyendo fines de semana y vacaciones.

Con respecto a la gestión operativa, muchas PyMEs familiares ofrecen una calidad de servicio muy superior a las empresas tradicionales, ya que no enfocan el trabajo en forma "reglamentaria", no cumplen normas establecidas por un tercero, sino que se esmeran por ofrecer una atención cada vez mejor como resultado del entusiasmo de ver prosperar la "obra" creada por la familia.

Ahora bien, definida en sus generalidades, veamos cómo una empresa familiar suele manejar sus comunicaciones tanto en forma interna como externa.

En el ámbito de la comunicación interna, las empresas familiares suelen utilizar herramientas muy informales y poco estructuradas, lo que conlleva inevitablemente a malos entendidos, errores, confusiones y posteriormente problemas para el logro de objetivos. Aunque parezca extraño, las reuniones de equipo con planillas de punteos de temas, control de reloj y posterior envío de minuta de reunión son costumbres muy útiles que ayudan a la eficiencia de las reuniones y a la facilidad de entendimiento entre los miembros del equipo, más allá que estos sean padres, hijos, hermanos o tíos. Lo que quiero decir es que el hecho de estar trabajando con un familiar cercano no exime del uso de estas herramientas que, si bien pueden percibirse como muy formales e innecesarias son altamente efectivas, no por la distancia que generan entre sus usuarios sino por la practicidad y fluidez que proporcionan a sus comunicaciones.

En estos casos, si bien se pueden mantener ciertas líneas informales y con un clima menos estructurado, lo recomendable es no olvidar que más allá de las relaciones de parentesco, los miembros del equipo están formando parte de una empresa y como tal deben seguir ciertas formas para no caer en el fracaso.

En sus gestiones de comunicación hacia el exterior, es decir sus comunicaciones externas, las empresas familiares -excepto que cuenten con un especialista en comunicación dentro de la familia-, generalmente necesitan asesoramiento, ya sea externo, o bien interno contratando a un profesional que atienda las comunicaciones externas dentro de la empresa.

Esta necesidad de asesoramiento se debe a que en muchas empresas familiares –salvo casos puntuales que por trayectoria u otros factores determinantes han llegado a posicionarse con mucha solidez en el público externo– el trabajo de posicionamiento demanda una tarea mucho más intensiva y habilidosa que en el caso de las empresas que ya tienen cierto lugar ganado en la mente de sus públicos.

La gestión de comunicación debe encontrar caminos más astutos y vías originales para ganar terreno frente a sus competidores, se debe ser mucho más creativo y estar constantemente alertas para aprovechar cualquier evento o coyuntura que pueda proveerlos de excusas o instrumentos para llamar la atención de sus públicos. Además, como no hay tiempo que perder y hay mucho terreno por ganar, el trabajo resulta tanto más intenso que en aquellas empresas ya posicionadas en las que sólo hay que mantener una buena imagen ya ganada.

Algunos puntos a considerar para evitar que esta magia se disuelva a lo largo del tiempo como producto de las diferentes presiones de la actividad son:

» Realizar reuniones de staff regularmente, incluyendo colaboradores de la empresa ajenos a la familia.
» Evitar hablar de trabajo en ocasiones familiares.
» Fortalecer los encuentros extra-laborales, como sostén de los vínculos y para evitar la saturación que puede significar compartir sólo responsabilidades.
» Pensar en equipo.
» Hacer un seguimiento de las gestiones operativas y de comunicación por escrito.
» Evitar supuestos y sobreentendidos.
» Delegar claramente las funciones y hacerse cargo únicamente de las propias responsabilidades, dejando de lado el pasado, la confianza y las alusiones a situaciones familiares en las conversaciones.
» Dejar los afectos de lado en cuestiones corporativas e institucionales.
» Controlar el nivel de informalidad y confianza entre los integrantes de la organización.
» No tomar el éxito o fracaso de la empresa como un éxito o fracaso familiar.
» Con respecto a la inclusión de hijos, sobrinos u otros familiares de una generación "menor" a la de la conducción, será conveniente plantearse y evaluar algunos puntos antes de hacer efectivo un cargo:
» Evaluar la necesidad de poseer experiencia previa como "requisito" para un cargo específico. Si no tuviera experiencia, contemplar la posibilidad de comenzar en un nivel jerárquico menor hasta adquirir cierta autonomía y solidez a través del desempeño.
» Analizar y acordar el momento más adecuado para el ingreso a la empresa.
» Al igual que en el ítem anterior, se deberá decidir cuál nivel de educación es el apropiado.
» Estipular el horario y las tareas antes del ingreso y sostener el acuerdo como prioridad.

» Diferenciar si el familiar entrante desarrollará tareas de un puesto vacante o si será necesario diseñar un cargo a medida.

» Acordar el régimen de remuneraciones y actualizaciones por anticipado, si es posible, con intervención del asesor contable o financiero.

» Aunque pueda resultar obvio, comprobar que el integrante esté realmente interesado en formar parte de la empresa y que no sea un mandato familiar.

El sentido de la oportunidad: Caso Taringa

Existen algunas situaciones en que tanto las empresas como las agencias de prensa deben estar atentas para aprovechar la coyuntura que se les presenta y sacarles el rédito desde la comunicación. ¿Qué quiere decir esto? Significa que hay momentos en que, ante determinadas situaciones que se producen en forma inesperada o que no son muy usuales en la empresa, tanto los profesionales de la comunicación como los directivos de la organización deben tener la capacidad suficiente para entender cuál es el sentido de la oportunidad y qué tipo de situaciones son altamente noticiables para usarlas como motivo de comunicación hacia la prensa.

Para hacer el ejemplo más gráfico, voy a citar un caso con el que he trabajado y que, sorpresivamente, tanto para mi equipo como para la empresa en cuestión, resultó un éxito en la prensa. Si los directivos de la empresa no hubiesen notado, en este episodio, características comunicables y si la agencia de prensa no hubiera actuado con celeridad, la oportunidad se hubiera perdido.

El caso corresponde a la comunidad online *Taringa.net*, la red social más popular de Argentina y uno de los 15 sitios más visitados del país.

El martes 11 de diciembre de 2007, Gonzalo Pazos, un tímido usuario de los millones que visitan la comunidad por día, decide publicar un *post*[1]* que revolucionó el sitio y generó gran revuelo. Gonzalo tenía en aquel entonces 33 años, estaba divorciado, tenía dos hijos de 8 y 5 años y vivía en el barrio porteño de Recoleta.

La última vez que vio a su padre tenía 6 años. Siempre que preguntó por él, su madre le negaba todo tipo de datos. Algunos años después de la muerte de su madre decidió emprender la búsqueda por varias vías. Su novia le sugirió la idea de hacer un blog para conseguir datos pero no tuvo mucha efectividad.

Con el correr de los años, Gonzalo siguió manteniendo el interés por encontrar a su padre pero, lo que más deseaba, era saber si tenía hermanos y otros familiares perdidos. Tras varios intentos fallidos de tener algún rastro de su padre y luego, incluso, de haber recurrido a entidades tales como Abuelas de

---

1. Post: se llama de esta forma a los mensajes o comentarios sobre un tema de discusión publicado, escrito por los navegantes generalmente dentro de un foro de Internet o un blog.

Plaza de Mayo, pensando que tal vez por su edad y por el silencio que había mantenido su madre, podría llegar a ser hijo de desaparecidos, Gonzalo decidió dar un último paso sin muchas expectativas.

Es así como, motivado con la cantidad de tráfico creciente que se observaba en el sitio, decidió exponer su caso en la comunidad de *Taringa* a través de un mensaje en el cual relataba que buscaba a su papá desde hace 25 años y lo acompañó de una foto, la única que tenía de su padre, en la que él era un bebé.

Lo que sucedió luego de ese *post* fue realmente increíble: en una comunidad en donde los usuarios están acostumbrados a compartir información de tenor cotidiano como el último tema de Madonna, la nueva versión de un juego para PC o el video que está de moda en *YouTube*[2*] , un pedido de estas características revolucionó el sitio en pocos minutos y, gracias al sentimiento de solidaridad e identificación con el grupo característico de los usuarios de *Taringa*, los mensajes de apoyo y ayuda no tardaron en llegar.

Los usuarios comenzaron a combinar datos, a contactarse con otros usuarios de otras zonas, a cruzar información y el resultado de esto fue que, en menos de 48 horas, llegó a *Taringa* un post con la dirección concreta de donde supuestamente había vivido el padre de Gonzalo.

Sin esperar demasiado, fue al reencuentro, y a pesar de enterarse que su padre había fallecido algunos años atrás, Gonzalo descubrió lo que más lo intrigaba: tenía tres hermanos que no conocía.

Por supuesto, este no es un caso diario para los que están al frente de un sitio como *Taringa*. Tampoco se hubieran imaginado, al comenzar con esta red social, que su alcance y el compromiso de sus usuarios llegaría a hacer posible una historia de tales dimensiones.

Lo que rescatamos de esta anécdota es la capacidad de visualizar la noticia que tuvieron los directivos de *Taringa* para poner a su agencia de prensa en conocimiento del caso e iniciar una campaña inmediatamente para informar a los medios hasta dónde había llegado Internet y el poder que puede tener una red social cuando es utilizada positivamente.

El caso de Gonzalo Pazos se hizo públicamente conocido a las pocas horas, fue reporteado por decenas de radios, noticieros y diarios en sus páginas principales. Probablemente fue una de las mejores campañas que hizo *Taringa* a lo largo de toda su gestión de prensa con mi agencia de comunicación. Es importante considerar que se debió a un caso inesperado, algo que no teníamos planificado y que hizo a último momento que implementáramos con urgencia una estrategia, convencidos de que la información era una "noticia caliente" de alto valor periodístico.

La urgencia en este tipo de comunicaciones se debe a que si esto ocurrió hoy, es noticia; pero si sucedió ayer, por más extraordinario que sea, ya no tiene el mismo valor para la prensa.

---

2. YouTube es un sitio web que permite a los usuarios compartir videos digitales a través de Internet.

Lo nuevo y lo diferente siempre comunican más

Los emprendedores siempre buscan aquello que no se ha inventado, aquello que existe pero que por alguna extraña razón no le es útil al consumidor, o aquello que está inventado, está comprobado que le es útil al consumidor, pero que por una falla en el servicio, la logística, la escalabilidad o una simple falla en el factor humano involucrado, termina por no satisfacer las reales necesidades de los consumidores.

Los nichos del mercado inexplotados a investigar son tan inmensos como la cantidad de emprendedores con buenas ideas, empuje y la confianza necesarios para encontrarlos. Ahora bien, ¿cómo logramos que esa buena idea que tenemos y en la cual confiamos, se convierta en un material atractivo e incluso imprescindible para la prensa?

En el mundo de la comunicación institucional no hablamos de consumidores sino de públicos, y es ese público al que vamos a dirigir la comunicación de nuestro emprendimiento. Podemos dividirlo en variados segmentos: edad, nivel socio-económico, hábitos de consumo, etc.; pero si hay algo que sabemos de antemano, sin investigación de por medio, es que nuestro target no conoce nuestro producto o servicio, ya sea porque es una invención, un producto rediseñado o mejorado, o porque tal vez nunca fue comunicado masivamente.

Teniendo en cuenta esto, tenemos una muy buena noticia para todos los emprendedores: los productos y servicios innovadores en el mercado son los que más llaman la atención a la prensa. ¿Por qué? Porque son nuevos, traen en sí mismos algo que los diferencia claramente de todo lo conocido, y por eso pueden ser noticia, por eso son "comunicables".

El mundo veloz en el que vivimos nos exige estar actualizados "minuto a minuto", sin perder de vista ni a nuestro entorno ni a los players del partido en el que estamos jugando. La diferenciación de una buena idea es la mejor forma de lograr que un simple proyecto o emprendimiento se convierta en un hecho "noticiable" para los medios. Y una vez que esto ocurre, nuevos horizontes comienzan a asomarse en el largo camino de crecimiento de un emprendimiento, un negocio, una PyME o simplemente una buena idea.

¿Por qué las grandes empresas confían en las relaciones públicas? Ventajas de manejar la comunicación en forma interna o tercerizarla

Ventajas de un Departamento Interno de Comunicación:

» Las personas que trabajan en relación de dependencia mantienen un vínculo directo con la máxima autoridad y esto puede llevar a un mejor control y a un trabajo más responsable y efectivo.

» A diferencia de una agencia de prensa, en la cual se trabaja con la comunicación de varias empresas al mismo tiempo, en un departamento interno los profesionales trabajan full-time para una sola empresa, por lo tanto están absolutamente involucrados con todos los aspectos y características de la organización

» Los empleados del departamento interno comparten el espíritu de la empresa, difícil de transmitir a personas ajenas a la organización, y al formar parte de ella la conocen desde sus aspectos cotidianos e informales.

» Al tener personal únicamente dedicado a la comunicación, es más fácil producir materiales (gráficos, audiovisuales, periodísticos) que sean de interés y utilidad para la prensa.

» La relación entre la prensa y la empresa se produce sin intermediarios.

Ventajas de tercerizar la comunicación en una Agencia de Prensa:

» Tienen una visión más global y objetiva de la empresa: ante una situación de crisis, por ejemplo, el asesor externo puede ofrecer otra perspectiva ya que, al no pertenecer a la compañía, no es parte del problema.

» Al manejar varias marcas y empresas de diversos rubros al mismo tiempo, la agencia tiene un contacto con la prensa más intenso y fluido, el diálogo cotidiano se produce tanto con periodistas de salud como de negocios, tecnología, moda, etc.

» Del estrecho contacto con los periodistas de diversas secciones surgen propuestas y oportunidades que de otra forma no son percibidas.

» Los profesionales de las agencias de prensa, al trabajar con diferentes tipos de organizaciones, tienen una experiencia más completa de lo que puede suceder ante determinadas situaciones que se presentan, tanto en la empresa como en los medios de comunicación.

» En una empresa es difícil reunir a un grupo de comunicadores eficientes y formarlos, sin el entrenamiento y experiencia que brinda trabajar en una agencia de prensa.

» Al personal interno de la empresa generalmente se le suelen asignar otras tareas y responsabilidades que no son inherentes a las de comunicación. Los agentes externos, en cambio, cumplen estrictamente la función para la que fueron contratados.

Todas las PyMES necesitan comunicar

Así como al comienzo del libro hemos afirmado que la palabra comunicación hace referencia a una dinámica, es necesario comprender que toda organización es una estructura que se autocrea permanente, al igual que un organismo.

Toda empresa es concebida desde una idea o proyecto madre que luego va tomando una forma preliminar, signada por los recursos, herramientas y posibilidades en una circunstancia determinada. Pero una vez puesta en funcionamiento, las sucesivas evaluaciones sobre el desenvolvimiento del proyecto, más los cambios en las circunstancias dadas, el devenir de lo humano dentro de la estructura y del mercado en relación con el contexto, junto a innumerables factores, hacen que a partir de la idea original surjan nuevas necesidades, nuevas respuestas y nuevos desafíos en forma permanente. De manera que hablar de una empresa hoy no significa que se está haciendo referencia a la misma que fue hace un año o dos atrás.

Pensar en la comunicación como un hecho estático es un error estratégico y conceptual. Las necesidades comunicativas de toda organización deben ser revisadas, modificadas, mejoradas, incrementadas, complementadas con otras acciones cuantas veces sea necesario. En este sentido, es fundamental la intervención de un profesional de la comunicación ya que, tal como quedó explicitado en el capítulo 1, en el apartado "La no comunicación no existe", siempre se está comunicando (por alusión o por omisión).

El plan de comunicación de una PyME debe formar parte de un plan integral de marketing que apunte a optimizar las gestiones comerciales y el posicionamiento de la empresa frente a sus competidores. Dos productos de igual calidad y precio tienen diferentes ventajas según el lugar que ocupan en la mente de los consumidores. Contar con esta información de base le permitirá comprender por qué se hace necesario estar presente y de qué manera estarlo para que su producto sea el elegido a la hora de la decisión de compra.

Cuando usted transmite claramente quién es, qué hace, cómo lo hace y para qué lo hace, sus clientes pueden percibirse como parte de un sistema mayor que involucra mucho más que el mero acto de la compra de un producto. Si ellos están informados acerca de las gestiones de RSE, de la filosofía y valores de su empresa, del trato que reciben sus empleados, de las ventajas que ofrece a través de una selección cuidadosa de materias primas, de los logros obtenidos en función de un trabajo de equipo para ofrecer una mayor satisfacción a sus clientes, de los nuevos productos diseñados para cubrir mejor las necesidades, entre tantos temas a comunicar, estará aportando una mayor conciencia de co-participación con su público, cerrando un círculo de confianza entre dos partes activas (y no como en el esquema antiguo: empresario-activo / consumidor-pasivo).

De este modo, ambos integrarán un frente con objetivos y preocupaciones en común, lo que le permitirá establecer lazos de participación y compromiso a modo de un "trabajo en equipo" por el bien común.

Este criterio es el pasaporte que conducirá a su PyME a lograr una presencia dentro de los hogares y a transmitir una imagen que genere confianza, fidelidad y prestigio, y en este sentido, en nada difiere la necesidad de establecer una comunicación efectiva de si se tratara de una empresa grande o transnacional.

Recuerde que la presencia a través de los medios de prensa es menos costosa que una gran inversión en publicidad y a menudo resulta más provechosa en el mediano y largo plazo.

A modo de síntesis, podemos resumir los principales puntos acerca de qué y por qué una PyME necesita comunicar:

» Para lograr una mayor presencia en la mente de los consumidores.
» Para mejorar el posicionamiento en el mercado.
» Para direccionar la imagen pública de su empresa, en lugar de dejar que las circunstancias lo hagan.
» Para mantener activo el intercambio con sus consumidores o usuarios.
» Para fortalecer la imagen, la confianza y la cooperación entre los integrantes de la empresa.
» Para incluir cada acción de su empresa en un plan de marketing integrado y estratégicamente organizado.

¿La comunicación genera rentabilidad?

Una PyME en crecimiento es una fuente inagotable de recursos que pueden ser aprovechados desde los primeros momentos. Uno de esos recursos, el que ayudará a desarrollar y potenciar el buen funcionamiento de toda la estructura organizacional, es la comunicación corporativa. Pero ya sea interna o externa, ésta será funcional siempre y cuando sea considerada como una herramienta estructural e integral que dará sus frutos a largo plazo como fuente regeneradora de imagen positiva.

La comunicación debe acompañar a las pequeñas y medianas empresas en todas sus etapas de crecimiento. De esta forma se consolida la marca a lo largo del tiempo y, a la vez, se asegura una buena capitalización de la imagen como elemento reafirmante de esa marca.

Si una PyME empieza a dar a conocer su cultura, sus valores, su misión y sus acciones, desde sus inicios, comenzarán a engranarse las ruedas de crecimiento necesarias para ganar terreno en todos sus ámbitos de interés, permitiéndole concretar lo que toda PyME busca a largo plazo, convertirse en una gran empresa.

Muchas veces los responsables de las PyMEs se preguntan si van a ver transformada en dinero la inversión que van a realizar en comunicación al poco tiempo de hacerla.

La realidad es que ésta no es una inversión que retorne en el corto plazo, es más: debería ser una inversión que no se realice con la directa intención de incrementar las ventas. Esto quiere decir que no se puede esperar de la comunicación corporativa resultados de marketing. Este es un error que muchas PyMEs cometen al no comprender cabalmente los fines y alcances de la comunicación y, al suponer que esta inversión no genera retornos, terminan por suspenderla o, peor aún, no llegan a realizarla.

Para que un plan de comunicación sea efectivo tiene que prolongarse en el tiempo y ser sostenido. Su efectividad se mide en la percepción de imagen positiva que tienen sus públicos, lo cual es un trabajo que requiere tiempo y tenacidad.

Si la pregunta es: ¿la comunicación genera rentabilidad?, la respuesta es sí, pero esta rentabilidad no se produce como resultado directo de la gestión de comunicación, sino que la percepción de imagen positiva que los públicos se forman de la empresa la posiciona de determinada manera en el mercado, de modo que a la hora del consumo, el público, que tiene una buena imagen de esa empresa, la elige. Es ahí donde las ventas suben.

Como puede observarse, el camino que hace la comunicación es un tanto más complejo y menos directo que el que recorre el marketing. El fin de la comunicación, de todas formas, no es exclusivamente éste sino que, gracias al posicionamiento que la gestión de comunicación genera, el incremento en las ventas es una consecuencia directa.

Por qué algunas PyMES no suelen invertir en comunicación

"Sólo las grandes agencias internacionales ofrecen un buen servicio de comunicación". Este es un mito que es necesario derribar.

Con frecuencia muchos emprendedores suelen creer que para hacer una campaña de comunicación acorde con las expectativas de crecimiento de la empresa deben invertir cifras cuantiosas en contratar a grandes agencias de comunicación y RR. PP. Como consecuencia de este mito descartan una idea alternativa, como podría ser contratar los servicios de especialistas independientes o pertenecientes a estudios pequeños.

Analicemos los aspectos a favor y las desventajas de cada una de las alternativas para despejar dudas y poder realizar decisiones adecuadas al formato de la empresa en cada caso particular.

Regla N°1: una empresa pequeña, con uno o dos empleados a cargo no requiere la contratación de grandes agencias internacionales con una gran estructura de empleados. Por el contrario, será más afín contratar los servicios de comunicación que mejor se alineen con el perfil de su empresa. ¿Por qué? Porque lo esperable para estas grandes corporaciones es tomar cuentas que les aporten grandes sumas mensuales. Si este no es su caso, podrá verse atendido por un asistente junior sin capacidad de resolución ni iniciativa para aportar ideas sustentables o realizar un adecuado mantenimiento de las relaciones con los medios. En ese caso, prefiera agencias pequeñas que le dediquen una atención diaria personalizada y fluida.

Para tener en cuenta: al contratar los servicios de una agencia, paute de común acuerdo que recibirá las mismas herramientas que proveen las grandes agencias: una lista de contactos, suficientemente amplia y actualizada; una capacidad de distribución personalizada y cobertura acorde con el plan, servicio de *clipping*[3] .

Las ventajas de contar con el servicio de un estudio pequeño o un asesor independiente son numerosas, algunas de ellas son:

» La trayectoria y efectividad es fácilmente comprobable.

» Las comunicaciones de su empresa estarán manejadas por un profesional de larga experiencia y no terminarán en las manos de un Junior dentro de una gran estructura.

» Es posible establecer un vínculo estrecho que potencie una mejor sinergia entre los distintos departamentos de la empresa, el especialista y los medios de comunicación.

» De la misma manera, estos profesionales suelen tener una relación directa con los periodistas que agiliza la publicación de material de comunicación.

» Al contar con una estructura pequeña, los honorarios requeridos por los pequeños estudios son más reducidos, sin dejar de ser efectivos para la correcta ejecución de las campañas.

Existen numerosos mitos acerca de que la comunicación es una inversión muy costosa y poco "rentable", o que se trata de una herramienta de lujo que sólo las grandes empresas pueden costear.

Sin embargo, conociendo los beneficios de realizar un plan estratégico debidamente desarrollado por el especialista en comunicación, en pos de evitar las desventajas de la falta de un plan de comunicación o las consecuencias de una estrategia de comunicación ineficiente, se pueden obtener numerosas ventajas, entre ellas:

» Reforzar la estrategia de negocio.

» Recuperar la inversión inicial.

» Tener el mismo grado de presencia (o más) que sus competidores.

Para lograrlo, los directivos de PyMES deben contar con información de calidad que les permita vencer una serie de prejuicios basados en mitos muy

---

3. Clipping: servicio de monitoreo de publicación de notas en medios de comunicación que se entrega al cliente mediante recortes de diarios y revistas o material digital de audio y video.

comunes o en falsas creencias con respecto a la contratación de un especialista o estudio de comunicación, como por ejemplo:

» La inversión en comunicación institucional está reservada sólo a las grandes empresas.
» Es más importante producir y vender que comunicar.
» El dinero invertido importa más que la creatividad de un plan de comunicación.
» Los beneficios son intangibles.
» El público prefiere la publicidad a la prensa.
» Con una vez que salga publicado el nombre en el diario, la empresa ya será famosa.
» No puedo saber si lo que me proponen es serio.
» El retorno nunca será mayor al dinero invertido en comunicación.
» Si no tengo dinero tengo que recortar o no implementar campañas de comunicación.
» La comunicación es un gasto.
» El retorno debería llegar en forma simultánea al momento que hago la inversión.
» Si comunico lo que hago, "avivo" a la competencia.
» Si comunico lo bien que me va, voy a ser presa de inspecciones impositivas.
» Mi PyME vende bien, no necesito comunicar.

Planificación estratégica de la comunicación para PyMes

Es probable que el tamaño o renombre de la organización defina la prioridad e importancia de algunos de los mensajes que se destinan a los medios de prensa.

Pero más allá de la prensa, que sólo es uno entre todos sus públicos de interés, no existe una empresa que no tenga algo que compartir con sus clientes, proveedores, potenciales consumidores, accionistas, entidades de interés como ONGs, el gobierno o la comunidad, que sin tener una relación directa y activa con la empresa, le interesan las cosas que hace, porque tienen o pueden tener una imagen formada ya que forma parte de una misma sociedad.

Es necesario comprender que la comunicación intuitiva o improvisada no es aplicable en la actualidad, que los mensajes esporádicos carentes de un estilo corporativo definido y sin una planificación adecuada tienen como único destino el desgaste, tanto en los responsables de la empresa como en el público, además del fracaso de no cumplir un objetivo prefijado.

Hay muchas formas de planificar una comunicación organizada y orientada a objetivos. Pero, para ello, los profesionales de la comunicación deben asesorar a los directivos y dejar claro que, para tener éxito en la gestión de co-municación, es necesario programar una agenda de noticias, definir cuál de ellas es de interés para cada público y, en función de ello, comenzar una cam-paña activa de difusión que no desvíe los esfuerzos de comunicación y evite desgastar el nombre de la empresa.

Como en cualquier área o proceso, la planificación estratégica es útil y ne-cesaria, ya sea para evitar posibles escenarios de crisis que pueden preverse, así como para hacer el mejor uso de los recursos disponibles, actuar con tiempo y antelación para mejores resultados y hacer una buena división de las tareas entre los responsables de llevar a cabo las acciones planificadas.

La responsabilidad de una buena planificación, que luego se verá reflejada en los resultados positivos de una campaña de comunicación, es tanto de los profesionales de la comunicación como de los directivos de la empresa. Este trabajo en equipo permite dejar cubierto cada aspecto a tener en cuenta: por un lado los profesionales actúan aplicando su know how, determinando los lí-mites y alcances de la comunicación y proponiendo los lineamientos generales de la campaña. Por el otro, los directivos de la organización actúan como con-trapartida, aportando información acerca de toda la programación con respec-to a la situación real de la empresa, ofreciendo su conocimiento de campo en el área específica y brindando de todo tipo de información institucional que el profesional pueda necesitar para activar la campaña.

De esta forma, con una planificación estratégica elaborada por profesiona-les capacitados, se logra una buena sinergia entre el equipo de comunicación y el área directiva de la empresa. Así, una campaña de comunicación no sólo será altamente efectiva, sino que en el caso especial de las PyMes, le brindará una herramienta clave para su posicionamiento y expansión.

La planificación estratégica de comunicación para su PyME debe incluir:

» Análisis del mercado en general y de sus competidores directos en particular
» Diseño
» Puesta en marcha
» Seguimiento de acciones
» Análisis y rediseño de estrategias de comunicación

Para que se cumplan las expectativas al realizar una estrategia de comunica-ción, será necesario definir una serie de factores que harán más claro y fluido el diseño estratégico de la comunicación.

En primer lugar, se deberá tener claramente definido cuál es el tipo de nego-cio y cuál es el tipo de público al que van dirigidas las actividades de la empresa.

En segundo lugar, definir cuál es la imagen que se busca proyectar en la mente del público, teniendo en cuenta que a la hora de comunicar se considera que la organización tiene dos públicos: el interno y el externo. Es importante contar con una segmentación del target lo más ajustada posible, de modo de diferenciar, por ejemplo, cuál parte de la comunicación externa estará dedicada a los clientes y cuál a la sociedad, a la prensa o a organismos del sector.

Como siguientes factores de importancia se encuentran:

» El disponer de una base de datos de los clientes actualizada para el caso de las comunicaciones personalizadas.
» El ofrecer una infraestructura edilicia acorde a la imagen que se desea transmitir, incluyendo una sala de reuniones debidamente acondicionada y equipada.
» Mantener la coherencia en todas las acciones comunicativas, incluyendo la papelería, la ropa de trabajo y la atención telefónica.
» Disponer de una página web institucional y, si es posible, una por cada línea de producción.

Qué acciones suele incluir un presupuesto de prensa y relaciones públicas

1. Asesoramiento permanente en temas de comunicación, prensa y relaciones públicas.
2. Reuniones de trabajo periódicas y extraordinarias.
3. Desarrollo del kit o carpeta de prensa conteniendo: información institucional a modo de sinopsis (lo que se publica en una gacetilla como "Acerca de"), historia, evolución, últimas novedades de la empresa, página web, CV de los directivos y materiales fotográficos en alta calidad, tanto de los productos como de la empresa y el staff directivo.
4. Redacción de los distintos comunicados de prensa a distribuir a los medios.
5. Distribución del kit y de los comunicados de prensa a los diferentes medios.
6. Desarrollo de la estrategia de eventos basadas en conceptos afines al propósito de comunicación.
7. Convocatoria de los periodistas y asistencia a los distintos eventos que se realicen.
8. Armado de materiales de prensa informativos (sobre los productos, servicios o sobre el tema genérico) para los diferentes medios de comunicación.

9. Contacto y actividades con los diferentes públicos (clientes, provee-dores, público interno y comunidad).

10. Coordinación de reuniones uno a uno, entre directivos de la empresa y periodistas.

11. Organización, coordinación y convocatoria a conferencias de prensa.

12. Planificación de acciones (envíos de productos, desarrollo de activi-dades, acciones de RSE, acciones de patrocinio) para promocionar la empresa.

13. Generación de contenidos y conceptos especiales para secciones en medios especializados (consejos, testimonios, sugerencias de uso de los productos o servicios, etc.)

14. Llegar regularmente a los medios para generar recordación de marca, mantener activos los vínculos e instalar en la mente de los periodistas a la empresa como *top of mind* cuando armen notas en las que toquen temas relacionados.

15. Presentar el caso de éxito en las secciones de Emprendedores, Pymes y Negocios de los principales medios.

16. Presentar casos de éxito en eventos y premiaciones como por ejemplo los premios EIKON (que actualmente cuentan con una categoría PyME)

17. Contactar a periodistas target, para que la empresa o sus productos asistan a los medios en producciones fotográficas de moda, decora-ción, suplementos especiales o con celebrities.

18. Generar encuentros puntuales con periodistas reconocidos.

19. Seguimiento de acciones.

Dados los costos asociados a la creación y desarrollo de una empresa, pen-sar en una estrategia comunicacional, destinando recursos y tiempo, puede parecer una idea poco rentable. Sin embargo, la estrategia de comunicación debe ser considerada una inversión y no un gasto. Así las PyMEs pueden lo-grar posicionarse en su nicho y crear un negocio más próspero. Los costos del presupuesto suelen ser uno de los argumentos más usuales para olvidarse de es-trategias comunicacionales; sin embargo, con creatividad las empresas pueden obtener óptimos resultados sin la necesidad de grandes inversiones.

Una regla básica de la comunicación: no acosar a la prensa

Debido a la masiva proliferación de agencias de prensa, grandes, medianas y pequeñas, actualmente los periodistas sufren una especie de "tormento de información" o persecución continua que está desgastando día a día la profe-sión. Este desgaste está haciendo cada vez más difícil el contacto, el acceso y la relación amigable que históricamente mantenía el periodismo con las agencias de prensa y empresas.

Esto se produce por varios factores que se entremezclan en un contexto complicado y muchas veces difícil de entender. Las relaciones públicas, y especialmente la gestión de prensa, se han vuelto una actividad muy demandada en los últimos tiempos y, más allá de todo lo bueno que esto significa para la profesión, tras años de falta de reconocimiento, la masificación trajo aparejado un deterioro en la calidad del desempeño de esta actividad y una imagen devaluada de las consultoras de prensa y departamentos de comunicación de las empresas.

Este mal afecta no sólo a las pequeñas e incipientes agencias que cuentan con recursos limitados sino también a las grandes agencias que se ven desbordadas de crecimiento. Al mismo tiempo, las exigencias de los clientes se han vuelto excesivamente rigurosas, pidiendo más y más resultados a una gestión que naturalmente tiene un tiempo de gestación acorde a la agenda de los medios.

¿En qué consiste el acoso a la prensa? Por un lado, en el envío de cientos de comunicados de prensa, vacíos de contenido, sin ningún atractivo periodístico. Y lo más preocupante es la falta de profesionalismo o de intención de emitir algún anuncio o novedad con tinte de noticia, perdiendo esa creatividad y audacia que debe tener un agente de prensa para lograr que sus comunicaciones puedan escalar en el ranking de importancia entre los cientos de comunicados que un periodista recibe por día.

Al envío de comunicados carentes de contenido, le sigue el pedido de confirmación de la recepción del comunicado por mail o por vía telefónica. Si cada periodista recibe cientos de gacetillas para leer por día y un llamado que atender o leer un segundo mail para confirmar su recepción, no podría dedicarle tiempo a trabajo sino a recibir y derivar el correo.

Esto no significa que no se pueda entrar en contacto por vía telefónica con los periodistas, simplemente es necesario conocer cuáles son los momentos convenientes y el modo de hacerlo. En general, cuando me pongo en contacto con un periodista, lo hago para ofrecerle determinada información que sé que tiene total relación con la sección, el suplemento o los temas que maneja ese profesional dentro del medio. El contacto es más personal, más directo que el simple envío de una gacetilla masiva, y tiene un fin determinado.

Lo que sucede con frecuencia en algunas agencias es que asignan a pasantes que no tienen experiencia y suelen instalarlos frente al teléfono, invadiendo con llamados a una lista interminable de periodistas. Ante la falta de criterio, conocimiento de la cuenta y de la comunicación, cuando el periodista les hace alguna pregunta con respecto al comunicado o les pide más detalles o mayor información, no saben qué responder. Esto tiene consecuencias negativas ante la prensa, ya que genera irritación y desgasta una relación que para el comunicador debería ser prioritaria.

Según afirma el periodista Martín Bidegaray en una nota realizada para la revista Imagen[4], el 99% de las gacetillas que recibe no contienen información útil para la elaboración de primicias y el 1% restante que es de "cierta utilidad" se pierde en medio de tanto material que sólo tiene por destino la papelera de reciclaje. Una de las mejores prácticas que debería convertirse en un hábito saludable es la selección de los periodistas a los cuales se les envía la información y, al momento de enviar un nuevo comunicado, hacer una evaluación honesta y consciente del interés que puede llegar a tener la información que se envía a los periodistas elegidos.

Luego, es preciso determinar quiénes van a ser los destinatarios de ese mensaje y en función de ello elaborar el contenido del comunicado tomando conciencia de que el receptor debe poder comprenderlo fácilmente. La sencillez y la claridad es siempre la mejor elección que un comunicador puede hacer. El periodista prefiere un texto claro y conciso, en lugar de una catarata de palabras innecesarias que carecen de información y sentido.

Algo a lo cual el comunicador debe apuntar es a elaborar el texto de modo que luego sea editado lo menos posible por parte del medio. Esto quiere decir que si bien la información puede sufrir cierta modificación principalmente por temas de espacios o de contenido, el texto debe estar redactado en forma tal que el periodista no se vea en la obligación de retocarlo. A esto nos referimos en capítulos anteriores cuando afirmamos que una de las principales tareas del relacionista público que se desenvuelve en la gestión de prensa debería ser hacerle la tarea más fácil al periodista, ofrecerle información a modo de herramienta para simplificarle la labor, en lugar de sumarle más trabajo con textos que no están preparados para ser publicados con sentido periodístico, lo que conlleva la no publicación.

Otra de las fallas frecuentes a la hora de comunicar es la redacción. Las gacetillas suelen ser redactadas con una enorme cantidad de vicios que le dan a la información un tinte comercial y "marketinero", más que periodístico. La suma de adjetivos calificativos o la falta de objetividad a la hora de hablar del posicionamiento de la empresa terminan haciendo poco creíbles los anuncios promulgados por los responsables de comunicación. Si bien es cierto que los periodistas viven de la información, un punto clave en su tarea diaria es la exhaustiva investigación, por lo que un cronista de negocios conoce el mercado y sus jugadores mejor que nadie y no está dispuesto a asumir un liderazgo anunciado por una empresa que no lo tiene. Esto, por otra parte, suele generar el efecto opuesto y la consecuente falta de credibilidad de toda información que provenga de esa empresa.

---

4. Revista imagen N[ro] 77 (11 años), pág. 66, 2007.

Paradójicamente, esta sobresaturación de información no hace más que crear un serio problema de comunicación. Ahora bien, hay ciertas reglas que los comunicadores de las agencias y los empresarios Pymes que recién se inician en el camino de la comunicación pueden seguir para no ser rechazados por la prensa y terminar en la "papelera de reciclaje" de los periodistas.

Lo primero que deben hacer aquellas personas que se dispongan a estar al frente de un equipo de comunicación es formar a sus ejecutivos con respecto al perfil de cada medio con los que va a tomar contacto y el rol de cada periodista en cada uno de esos medios. Cuanto más específico sea el conocimiento, mejor será la llegada a ellos. Si es necesario plasmar en una base de datos algunas características de la personalidad de cada uno de ellos, bienvenido sea. Hay periodistas a los que decididamente no les gusta recibir gacetillas, prefieren la nota contada por teléfono, mientras que otros que no suenan muy simpáticos ante un llamado, aunque luego suelen publicar formidables notas, y están aquellos que sólo quieren recibir números, historias exóticas, escándalos, etc.

Es muy valioso contar con la mayor cantidad de información acerca del periodista, por ello es importante que el personal que maneja una cuenta no rote en su puesto con frecuencia, como suele suceder en diversas agencias, ya que de este modo nunca terminan de tener un conocimiento cabal de campo de medios y periodistas. Quiero decir con esto, que el ejecutivo de cuentas que maneja la comunicación de una empresa determinada debe conocer en profundidad a los periodistas que escriben sobre temas de interés para la empresa o relacionados con el campo de acción de la empresa, al mismo tiempo que debe conocer los medios en los cuales trabajan estos periodistas, para poder llevar a cabo una comunicación estratégica más efectiva y exitosa.

También es preciso seguir las publicaciones de cada medio importante para la cuenta/empresa, de modo de estar al tanto de los temas que tratan y lo que han publicado, para evitar cometer un típico error al ofrecerles como primicia un tema que han tratado recientemente o que ya fue publicado por la competencia.

Es importante tener en cuenta que al periodista le interesan los datos concretos: porcentajes, números, estadísticas y toda aquella información que logre dar idea de la dimensión de la empresa o tema que estamos tratando, ofreciéndole al periodista la posibilidad de medir y comparar.

También es necesaria la creatividad para la obtención y el desarrollo de la información. Es muy útil la confección de encuestas y la organización de foros o debates que puedan arrojar algún tipo de resultado estadístico. Esto le ofrece a la empresa más herramientas a la hora de comunicar y le permite formar parte de una temática de interés para el público, ubicando el nombre de la empresa en un segundo plano. Al periodista no le interesa la empresa en sí, sino lo que ésta tiene para decir. Por ejemplo: una compañía líder internacional en la fabricación de chocolates, organizó una encuesta online para determinar las preferencias femeninas entre el sexo y el chocolate. Dicha investigación reveló que la mayoría de las mujeres elige en primer término el chocolate, lo cual les permitió llevar el debate a los medios masivos en primer plano y el nombre de la empresa en segundo plano.

Muchas veces la mejor forma de llegar a los periodistas es también la menos "agobiante". Los profesionales de los medios recomiendan incluir el número de teléfono de contacto sólo para cuestiones realmente importantes y puntuales, especialmente los teléfonos celulares, y prefieren manejarse por mail para la propuesta de información. También recomiendan aclarar en el asunto (subject) del mensaje el tema a tratar, para que el periodista pueda eliminarlo rápidamente si no es de su interés. Para el envío de imágenes no es una buena idea adjuntar archivos pesados sino ofrecer link para la descarga de fotos a través de Internet.

Podríamos decir que la gran clave consiste en tener la capacidad y la creatividad de generar ideas noticiables relevantes para la prensa y tener el sentido de la oportunidad para saber cómo y cuándo ofrecer una noticia. Los periodistas están ávidos de información exclusiva, novedosa, curiosa; sólo es cuestión de aprender cómo generarla y cómo llegar a ellos.

Algo más sobre los periodistas y la información de prensa que brindan las empresas, publicado en el artículo de la revista Imagen:

» Los periodistas prefieren el rigor de la información antes que aspectos tales como la persona que la facilita o la exclusividad.

» Los redactores jefes y jefes de sección consideran que casi el 85 % de las informaciones que reciben diariamente son "impublicables" por ser excesivamente propagandísticas o publicitarias y por estar redactadas con falta de profesionalidad.

» La mayoría de los profesionales consultados considera el "correo electrónico" como el canal más práctico para la recepción de noticias.

» Entre los modos de transmitir la información, el preferido y el que más credibilidad ofrece es la "entrevista personal".

» El volumen medio diario de notas de prensa que los periodistas entrevistados afirman recibir asciende a 69. Los medios nacionales reciben una media de 139 notas de prensa diarias.

» Los periodistas que ejercen en medios nacionales sólo consideran publicables el 12% de las notas de prensa diarias.

» La mitad de los profesionales de prensa y agencias manifiesta que no tiene tiempo suficiente para analizar las notas que reciben.

» Las principales quejas de los periodistas sobre las notas de prensa, mencionadas por un 97,8 % de los entrevistados, son:
  • No están redactadas con mentalidad periodística.
  • Son muy publicitarias.
  • No incluyen suficiente información.
  • Tienen mucha información de relleno.

» El rigor y la exactitud de la información que se recibe es la consideración más importante, por encima de la rapidez y la cantidad. La persona que transmite la información es a lo que menos importancia se le concede.

» El periodista "confía", sobre todo, en sus contactos personales.

» Uno de cada tres actos a los que se convoca a la prensa no es percibido como útil para el trabajo de los periodistas.

» De un acto informativo se espera obtener información de calidad directamente de los protagonistas o lograr una visión diferente a la de los compañeros de otros medios. El 63,6% considera que debe acudir a un acto informativo sólo cuando la información "lo merece".

» Que la ida y la vuelta de un viaje, incluido en un acto informativo, se pueda realizar en el mismo día puede favorecer la asistencia al mismo.

» Lo más importante, lo fundamental en una rueda de prensa, son las declaraciones.

» El 64% de los entrevistados cree que las páginas web son muy o bastante útiles. Sólo los periodistas de la televisión opinan que las "salas de prensa" no son útiles.

» Los periodistas consultados pasan la mayor parte del tiempo en la redacción delante del ordenador (38,7%) o hablando por teléfono (22,9%). Consideran que para trabajar con rigor la noticia es necesario un promedio de seis horas.

La presencia de un profesional idóneo de la comunicación en el equipo de trabajo de la empresa es una ventaja que favorece ampliamente la circulación y llegada de la información, tanto a los periodistas como a los medios y, por consiguiente, al público objetivo.

CAPÍTULO 4

La comunicación en tiempos de crisis

Crisis en la actualidad

En estos últimos años, en los que la palabra crisis ha tomado un significado y un padecimiento global, el especialista no debe remitirse sólo a cómo se manejan las comunicaciones de una empresa cuando ésta está atravesando una crisis institucional (como nos enseñaban los libros hasta ahora), sino que uno debe replantearse cómo manejar las comunicaciones de una empresa en un contexto mundial y constante de crisis: institucionales de todo tipo, crisis económica, crisis financiera, crisis crediticia, crisis de alimentación, de confianza y por supuesto la consecuente crisis social.

Podría ocupar cientos de páginas el abordar esta problemática, que tiene más que ver con las políticas económicas de los principales ejes mundiales que con las decisiones de un empresario PyME, pero inevitablemente debe ser tenida en cuenta por todos, ya que en cierta medida afecta a todos los sectores de la sociedad.

Lo cierto es que la palabra crisis y, más aún, la comunicación de crisis, ya no se concibe exactamente como lo que era y el devenir de la coyuntura moderna nos obliga a tener siempre listo un "botiquín de emergencias" para responder a todo tipo de situaciones inesperadas que hoy en día ya son más previsibles que en otros tiempos. Bastará con tomar como parámetro que uno de los principales rasgos característicos que los Headhunters buscan en los candidatos para cargos ejecutivos medios y altos es la habilidad que éstos tienen para sortear una crisis dentro de la empresa, más allá de sus títulos y su experiencia. En este contexto podemos ver que ya la crisis empieza a formar parte de un paisaje familiar y del cual debemos aprehender y nutrirnos para sumar capacidad y efectividad de acción dentro de una empresa.

Ida Butelman describe un conjunto de nociones a las que alude el concepto de crisis:

» Perturbación y ausencia rápida de solución.

» Desorden e incertidumbre asociada a parálisis.

» Bloqueo y desbloqueo.

» Contradicción y paradoja.

» Transformación y cambio.

Según lo que registra la enciclopedia virtual Wikipedia (www.wikipedia.org), la última Crisis Económica Mundial 2008-2009 fue originada en los Estados Unidos y entre los principales factores causantes se encuentran los altos precios de las materias primas, la sobrevalorización del producto, una crisis alimentaria mundial, una elevada inflación global y la amenaza de una recesión en todo el mundo, así como una crisis crediticia, hipotecaria y de confianza en los mercados.

Muchos autores consideran que no se trata de una verdadera crisis y que se trata de una oportunidad de crecer y tener nuevas ideas, considerando que el término crisis carece de definición técnica precisa aunque está vinculado a una profunda recesión.

La presidenta argentina Cristina Fernández de Kirchner en su primer discurso en la 63ª Asamblea General de la ONU denominó a esta crisis como Efecto Jazz, dado que su origen fue el centro de Estados Unidos y se expandió hacia el resto del mundo, en clara contraposición a crisis anteriores que se originaban en países emergentes y se dirigían hacia el centro, como fueron el Efecto Tequila, el Efecto Caipirinha y el Efecto Arroz.

La crisis iniciada en el 2008 ha sido señalada por muchos especialistas internacionales como la "crisis de los países desarrollados", ya que sus consecuencias se observan fundamentalmente en los países más ricos del mundo.

En una nota publicada el 31 de mayo de 2009, el diario porteño El Cronista Comercial, declaró que las empresas argentinas sufren más los coletazos de la crisis que las empresas estadounidenses, cayendo un 80%, frente a menos del 40% que han caído las empresas norteamericanas en el mismo trimestre.

Claro está que este escenario económico y social afecta rotundamente el clima empresarial y la forma de hacer negocios y darlos a conocer, tanto para las grandes empresas como para las PyMEs.

Según un artículo publicado en noviembre de 2008 por Pablo Alegre, director académico del Programa de Dirección de la Pequeña y Mediana Empresa (DPME) del IAE (Escuela Internacional de Negocios de la Universidad

Austral), "*las PyMEs argentinas tienen unas cuantas respuestas y varias salidas ya probadas para sobrevivir en tiempos en que se habla de despidos masivos, caída de gigantes e impacto en las mega corporaciones. A las PyMEs, en primer lugar, su tamaño las vuelve ágiles. Su experiencia, hábiles. Su necesidad de supervivencia, astutas. Su cercanía con la gente, solidarias. Los pequeños y medianos empresarios están golpeados, precavidos y recelosos por la crisis nuestra de cada día. Pero saben que sus empresas sobrevivieron a varias y estos últimos años ganaron en profesionalismo y solidez. Se los ve asistiendo a cuanto seminario, charla y jornada de reflexión que se realiza por estos días, pueblan pasillos, rondas de café empresarias, foros y lugares varios de intercambio. Escuchan a los economistas, asisten a cursos, analizan estrategias, se alientan mutuamente. Y siguen adelante.*"

La crisis mundial del 2008 puso en juego conceptos claves de la economía mundial: teóricamente las PyMEs son más vulnerables que las grandes compañías, pero paradójicamente monstruos como Lehman Brothers han visto rodar sus cabezas mientras la gran mayoría de pequeñas y medianas empresas salen a flote.

Las grandes empresas tienen ante sus ojos la contracción de la demanda (menos ventas), un freno en el aumento de precios, menores rentabilidades. Por otro lado, son afectadas por las alzas en las tasas de interés que deben afrontar quienes logran acceder al crédito. Todo esto está enmarcado por un contexto de incertidumbre y desconfianza que se ve en las decisiones de inversión frenadas, lo que contrae todavía más las expectativas de rentabilidad y una profundización -en la medida de lo posible- del autofinaciamiento.

Como acto reflejo, las primeras medidas que surgen ante un escenario adverso tienen un impacto sobre los recursos humanos: suspensión de personal, retiros voluntarios y jubilaciones anticipadas, corte de bonificaciones por productividad, suspensión de fiestas y regalos de fin de año, recortes varios que van desde remises hasta las medialunas y el café. En cuanto a los proveedores, comienza el tiempo de las conversaciones: se negocian alquileres, se detectan insumos clave, se suspenden planes de calidad y hay un recorte de la pauta publicitaria (dependiendo del grado de desarrollo de la empresa y de la marca).

Las crisis significan pérdida de consumo, problemas de caja y competencia desleal. Más que nunca hay que parar, pensar y no desesperar. En estos tiempos, mantener la cabeza fría, proteger los recursos humanos y crear valor para los clientes es fundamental.

Cuando lo que está en crisis no es el contexto sino la empresa misma

Institucionalmente hablando, una crisis representa un cambio imprevisto, ya sea causal o accidental, en el estado natural del devenir de una empresa. Este cambio puede poner en peligro la imagen positiva y la estabilidad de la organización; por lo tanto, una de sus características distintivas se ve reflejada en un cambio del estado de equilibrio al de desequilibrio.

Si es mal gestionada, una crisis puede tener consecuencias serias, independientemente de que las crisis forman parte del natural desarrollo de las organizaciones conformadas por personas. Si una empresa no se encuentra en proceso de expansión, difícilmente se enfrente a una situación de crisis que no sea económica.

Por su parte, el riesgo que se corre frente a un desequilibrio es delicado para el continuo funcionamiento de la empresa: desconfianza y falta de credibilidad por parte de todos los públicos de la misma como medios de comunicación, líderes de opinión, clientes, proveedores, accionistas, competidores y prospectos, además de la falta de apego institucional por parte de su público interno y los costos tanto económicos como morales del desprestigio.

¿Cómo manejar la comunicación en tiempos de crisis?

Se trata de momentos tan difíciles como decisivos. En una pareja, por ejemplo, una crisis puede precipitar un fin anunciado o bien afianzar el vínculo, haciéndolo más fuerte que antes, devolviendo la confianza y entereza para enfrentar otra crisis en el futuro.

En las organizaciones, al estar conformadas por personas, sucede algo similar. Las empresas que superan una crisis definitivamente salen más beneficiadas que perjudicadas y ese beneficio se ve en su estructura, en la confianza de sus integrantes, en la experiencia adquirida y en la capacidad de aprender de esa experiencia para vivir con menos frustración y miedo situaciones similares en el futuro.

El objetivo de la comunicación de crisis es básicamente cuidar el capital de imagen positiva que tiene la empresa mediante la transmisión de entereza y tranquilidad a la opinión pública, hasta que el problema sea resuelto. Así es como su función no es la solución del conflicto sino el hecho de impedir que el pánico llegue hasta esferas fuera de la organización. Por supuesto que si el causal de crisis en una empresa proveedora de gas es la ruptura de un caño que afecta a ciertos usuarios, el responsable de la solución es el equipo técnico y no el equipo de comunicación. Lo que este último debe procurar es mantener la calma ante el público externo para que este accidente no alarme a la comunidad y no se convierta en presa favorita de los medios de comunicación amarillistas.

De esta forma, es en los momentos de crisis cuando todos los departamentos y equipos de trabajo de la empresa deben trabajar en forma conjunta, y más amalgamados que nunca. La fluida comunicación es imprescindible para que el equipo técnico que sale a resolver el problema tenga un discurso acorde a la línea de comunicación de la empresa y que el departamento de comunicación mantenga actualizados a sus públicos de acuerdo con lo que va resolviendo aquel.

Por otro lado, así como una pareja puede demostrar su compromiso y solidez sobreponiéndose a una crisis, una organización deja expuesta su imagen cuando "las papas queman" y puede resultar tanto favorecida como perjudicada. En este sentido, es importante invertir la mayor cantidad de tiempo y recursos que la empresa tenga a su disposición para evitar perjuicios, ya que es más costoso y demanda mucho más tiempo revertir una imagen negativa que sostener una positiva.

Lo mejor que puede hacer una empresa para prepararse para una posible situación crítica y enfrentarla con éxito es diseñar una estrategia o *plan de crisis*, administrado y ejecutado por el responsable de las comunicaciones corporativas, en el cual se detallen los pasos a seguir por parte de la empresa frente a los posibles escenarios futuros.

Los planes de crisis son útiles para muchos ya que determinan qué acción tomar y qué comunicar en momentos en los que la urgencia limita la capacidad de reflexionar una estrategia posible. Estos planes se diseñan sobre la base de las potencialidades que tiene una empresa de estar frente a una determinada situación de crisis. Por ejemplo, una compañía que comercializa productos de pirotecnia está mucho más expuesta a enfrentar problemas con posibles accidentados que una empresa que comercializa dulces. Por lo tanto, su plan de crisis estará enfocado a cómo atravesar dicha situación en función de esas características. Por su parte, la empresa que comercializa dulces está mucho más expuesta a recibir acusaciones por intoxicación que la que produce pirotecnia. En este sentido, cada rubro puede diseñar una estrategia a seguir e imaginar cómo podría llegar a ser la situación de crisis que pudiera presentarse.

¿Por qué tener un plan?

Muchas veces nos sucede que ante determinada situación, un acusado habla y, más allá del contenido de sus palabras, la seguridad y la tranquilidad que transmite su discurso termina por revertir o al menos debilitar su situación de "culpable".

A esto nos referimos con la idea de estar preparados. Tener un plan, saber qué decir, cuándo y cómo, es un factor elemental a la hora de transmitir una imagen positiva. Las dudas, la inseguridad y a veces la falta de información pueden condenar hasta al más disciplinado y mejor intencionado, y dejar caer en picada la imagen de la institución a la cual representa.

Es por eso que es importante contar con un plan y preparar de manera preventiva cómo actuaría la organización ante determinada situación de crisis planteada.

Por supuesto que ninguna crisis es idéntica a otra ni es posible anticipar de manera exacta cómo va a desarrollarse, pero cuanto más se pueda especular sobre la situación potencial, mayor será la cobertura que esa empresa tendrá en caso de convertirse en real.

Para los medios es más atractivo publicar noticias controvertidas que simples anuncios en los que la organización cuenta "lo bien que le va". Es por eso que en momentos de crisis todos los ojos estarán puestos sobre su empresa. Para ello no hay recomendación mejor que estar preparado y tener un plan.

También existe lo que se llama plan de prevención de crisis que, a diferencia del plan explicado anteriormente, que nos da los lineamientos generales al momento de afrontar una crisis ya existente, consiste en actividades que se llevan a la práctica periódicamente sin la presencia real de una crisis. Estas tareas preventivas ayudan justamente a evitar que los casos típicos de crisis de cada organización puedan producirse y, en caso de hacerlo, el equipo se encontrará mucho más preparado para afrontarla.

Cuando se atraviesa una crisis, la empresa se encuentra enfrentada a su entorno y progresivamente a su propio público interno. En este sentido, la información es un bien que la empresa debe saber administrar a su favor. Tomar la decisión de no informar a los públicos directamente afectados puede ser un error irremediable que debilite las estructuras de la empresa y deteriore rotundamente su imagen. Como ya he explicado en el apartado "La no comunicación no existe", cuando una empresa elige no comunicar y opta por el silencio, deja a la libre interpretación de sus públicos la real causa de la crisis, lo que puede resultar aún peor.

Si bien no es recomendable salir a hablar en momentos en los que no se sabe exactamente qué es lo que está sucediendo ni se tiene un plan específico de acción, es importante tomar cartas en el asunto con celeridad para evitar especulaciones erróneas.

Estas etapas descriptas por Justo Villafañe son las que conforman el Plan de Crisis. En este contexto, y bajo estos lineamientos, la empresa deberá confeccionar las piezas de comunicación, difundirlas, responder las inquietudes, gestionar los requerimientos de los públicos y realizar una evaluación de resultados.

Uno de los puntos decisivos en el proceso de enfrentamiento de la crisis es el discurso que la empresa adoptará. Podría decirse que el discurso de la empresa

---

Según Justo Villafañe, las medidas de naturaleza comunicativa necesarias para enfrentar una crisis comprenden cuatro etapas:

» Identificación de la crisis.

» Enfrentamiento de la crisis.

» Resolución de la crisis.

» Gestión de la postcrisis.

y la forma en que lo articula su vocero hace el efecto de bisagra en el proceso de transcurso de una crisis, es decir que a partir de ese momento, en lo que a opinión pública se refiere, la crisis puede iniciar un camino hacia la resolución del problema o hacia un barranco que desembocará en la destrucción de la imagen positiva de la empresa y, poco tiempo después, en la desintegración de la empresa.

Como hemos dicho, el discurso es una de las herramientas imprescindibles en el proceso de resolución de una crisis, pero para que la empresa no termine en el barranco, el discurso debe adoptar una posición visiblemente clara frente al conflicto, tanto con referencia a las implicaciones como frente a las responsabilidades y roles, para evitar confusiones y cualquier conducta evasiva que dé lugar a especulaciones.

Esta posición definida no debe abandonarse bajo ninguna circunstancia, ya que cualquier cambio de postura puede ser percibido como una debilidad o falta de determinación por parte de la empresa. En las crisis, la seguridad es un aliado estratégico y saber transmitirla tiene que ver con la decisión de adoptar una posición firme y no modificarla salvo casos extremos en los que mantenerla puede perjudicar aún más la imagen de la institución.

Por eso, antes de adoptar una posición se debe investigar a fondo el problema, su origen, sus razones, sus implicancias y las consecuencias presumibles, para no tomar una decisión apresurada y no tener que cambiar de postura en medio del proceso de enfrentamiento de la crisis.

Si bien es importante tomar una posición rápida, es preferible esperar a tener un diagnóstico claro de la situación y no adelantarse a comunicar una postura que luego tenga que ser retractada. La falta de comunicación en el tiempo que se tarde en identificar la crisis no será tan perjudicial como la contradicción y falta de credibilidad que implica volver sobre las propias palabras.

Si es necesario, se puede explicar al público externo y en especial a la prensa que la empresa no había emitido resolución alguna ya que se encontraba investigando las causas del conflicto.

Las acciones comunicativas imprescindibles en un Plan de Contención de Crisis son, entre otras:

» Investigar a fondo la naturaleza y consecuencias del problema. Una vez identificado el problema, y no antes, asumir una posición definida y clara. Comunicarla en forma verbal, por medio de un vocero, a todos los públicos de interés y a todos aquellos que lo requieran.

» Comunicarla en forma escrita mediante un comunicado de prensa en el que se describan, en forma clara, las causas de lo que está ocurriendo, la posición que adopta la empresa frente a ello y lo que se espera resolver. Si para la resolución del problema se requiere la colaboración de alguno de los públicos, dejarlo expresado claramente en el comunicado.

» No desatender a los medios de comunicación, no ocultarles información y actuar en forma proactiva.

» Privilegiar el máximo esfuerzo en la atención al cliente.

Es importante que al momento de decidir un plan de acción se haga partícipes a varios miembros de la organización, en lo posible de distintas áreas y jerarquías, ya que cada uno conoce aspectos de la organización que el otro desconoce y sus consideraciones pueden ser útiles al momento de tomar la decisión correcta. También hay que tener en cuenta que las percepciones de dos individuos frente a un mismo conflicto pueden variar dramáticamente. La forma de ver el problema muchas veces es parte de la solución del mismo, es por eso que no se recomienda incluir a personalidades extremadamente fatalistas o pesimistas en la toma de decisiones frente a una coyuntura crítica ya que sus percepciones negativas pueden empeorar más el panorama y no aportar soluciones prácticas.

Elementos típicos que nos permiten identificar una crisis:

Si bien todas las crisis se producen en situaciones y coyunturas distintas, generalmente comparten ciertas características que nos permiten identificarlas y así determinar el plan de acción que mejor se ajuste a sus circunstancias. Estas son algunas de ellas:

La imposibilidad de previsión: es la característica por excelencia, ya que el desequilibrio producido, si pudiera ser anticipado, no se produciría y por lo tanto no sería una crisis. Por eso es tan importante de ejercitar el plan de crisis, tratando de aproximarse lo máximo posible a las crisis potenciales propias de cada organización.

La singularidad: una de las razones por las cuales decimos que el plan de crisis puede guiarnos de forma orientativa pero no puede ser nunca un código de pasos a seguir estricto, como muchos quisieran, es que la singularidad es una característica de las crisis. Se necesita mucho de sentido común para aplicar el plan de crisis a la real solución de una crisis. Por esto no es un tema menor y debe ser manejado con cautela.

La celeridad: apremiados por la demanda de los medios y especialmente por la aceleración de transmisión de información en tiempo real, las crisis requieren que se actúe con prisa, evitando emitir datos erróneos y procurando transmitir siempre una imagen de seguridad para evitar que el rumor se convierta en información.

La inestabilidad: momentáneamente la empresa se ve afectada por todos los puntos anteriormente nombrados que, combinados, producen serias fracturas en los canales de comunicación tanto internos como externos de la empresa. Los procedimientos habituales tanto como las comunicaciones se ven alteradas y deben ser relevados por otras prácticas más expeditivas. La relación con la prensa se modifica radicalmente, los vínculos con los periodistas cordiales y amigos de la empresa se ven reemplazados por bruscos asaltos de periodistas incisivos en busca del punto débil del interlocutor. Las apariciones públicas deben ser medidas y estudiadas al extremo. Todo debe ser prevenido. La empresa queda expuesta ante el mínimo error.

Qué podemos hacer para prepararnos mejor

Llevar a cabo estudios e investigaciones pre-crisis nos puede ayudar a prever ciertas situaciones y adelantar tareas en los momentos en que la urgencia apremia a los integrantes de la organización.

A nivel interno es importante llevar una auditoría de riesgos, que consiste en analizar todos y cada uno de los riesgos potenciales propios de la empresa y de su área de actividad. Para ello se requiere analizar crisis anteriores, tomar contacto con aquellas personas con información clave sobre estos eventos y elaborar un archivo en donde consten todas las crisis ocurridas, sus motivos, sus desarrollos y soluciones.

Es importante establecer un criterio de gravedad y probabilidad de determinadas situaciones de crisis, también de acuerdo al rubro de la empresa. Esto facilita el trabajo al momento del análisis preventivo.

A nivel interno:
Tener siempre listo y a mano el kit de información que va a ser necesaria al momento de la crisis: presentación, historia, balances, datos estadísticos, documentos administrativos, fiscales, legales y tributarios.

Asimismo, es conveniente contar con un vocero designado con anterioridad que estudie los archivos de crisis anteriores y que reciba paulatinamente entrenamiento en medios.

A nivel externo:
Llevar un control de lo que se establece en la agenda setting y tener siempre información de los temas que están siendo de interés para los medios masivos de comunicación.

Prestar atención a lo que percibe la opinión pública. Realizar encuestas, tomar contacto con líderes de opinión de determinados rubros de interés para la empresa, etc.

Establecer cuáles van a ser los públicos prioritarios a atender al momento de la crisis, así como también, dentro del público prensa, a qué medios se atenderá con prioridad, aunque en este sentido es difícil establecer un orden de preponderancia.

Algunas recomendaciones

» Tomar siempre la iniciativa: al llevar la delantera ante cualquier acción se transmite seguridad, transparencia y se pueden controlar mejor los temas a tratar.

» Dar tanta importancia a la comunicación como a la resolución de la crisis.

» Tomar con conciencia los mensajes que se van a transmitir: no prometer una solución hasta no tener firmemente la situación controlada.

» Comunicar siempre en función de la resolución: es necesario comunicar en forma positiva y haciendo alusión a la proactividad en la resolución de los problemas

» Procurar menos enemigos y más amigos: comprender el trabajo del periodista es la clave para saber usar correctamente la diplomacia y tratarlos a todos por igual nos ayuda a no caer en problemas de preferencia. Por su parte, comprender a quienes están afectados por la crisis nos ayuda a comunicarnos mejor con ellos y ofrecer una postura abierta. Es importante en este punto buscar apoyos estratégicos que nos protejan con su buena imagen.

» Empezar por casa: mantener siempre al personal informado acerca del "minuto a minuto" para evitar que desinformen a la audiencia y caigan en pánico ellos mismos.

Para la comunicación con los medios en situaciones de crisis se pueden implementar tres herramientas

1. Comunicados o boletines de prensa: mediante los cuales se comunica a la prensa qué es lo que está sucediendo, cómo la empresa planea resolverlo y se deja información de contacto para que se comuniquen con los voceros y encargados de comunicación.

2. Mediante una conferencia de prensa, en la que se cita a todos los medios en un mismo momento y lugar para responder a todas las inquietudes en forma masiva y se fija la posición oficial de la empresa ante la situación. Esta es una excelente alternativa para establecer una relación cercana con la prensa y generar credibilidad.

3. Entrevistas: se elige un medio puntual que servirá de medio difusor a otros medios y se concede una charla más privada en la que se detallan

las causas y consecuencias de la crisis y las acciones que la empresa está llevando adelante. Con excepción de ciertas circunstancias, ésta es la herramienta menos recomendada ya que discrimina la participación de todos los medios en conjunto. Además, al ser una estrategia de comunicación indirecta, el medio elegido puede no transmitir la información de la forma que la empresa espera.

En su libro *El lenguaje del cuerpo*, Allan Pease nos ofrece una serie de pautas que son de gran utilidad cuando se trata de responder frente a una crisis. El modo de comunicarnos será decisivo a la hora de obtener credibilidad frente a la prensa, a públicos internos y externos. Pero no sólo las palabras son importantes: el cuerpo expresa de diferentes maneras nuestro mensaje, por lo cual es necesario saber qué posturas corporales y gestos a adoptar y, especialmente, cuáles descartar. Aquí van algunos consejos útiles de su libro:

» Para entrar en sintonía cuando establecemos comunicación con un solo interlocutor es favorable adoptar una posición corporal similar a la de éste. Las posturas muy diferentes generan distancia psicológica.

» Es importante guardar coherencia entre los gestos y los movimientos corporales. Sacudir los brazos enérgicamente y mantener inmóvil el resto del cuerpo no expresa coherencia.

» Evitar entrelazar los dedos de las manos, ya que indica hostilidad u ocultamiento de una actitud negativa.

» Las manos en la cara son, en todos los casos, señal de mentira o engaño: tapar los ojos o la boca total o parcialmente, oprimir las mejillas con uno o varios dedos, tocarse la nariz. Deben evitarse en todas las circunstancias. De igual modo, cuando se exprese, no haga el gesto de estirar el cuello de su camisa, esto puede ser decodificado como una expresión de que miente o que su público sospecha que lo han descubierto en un engaño.

» Si percibe que su interlocutor se toca o se rasca la oreja puede significar que no desea oír lo que usted está diciendo o que no le cree. Lo mismo sucede cuando se rasca o se pasa la mano por la nuca.

» No ponga objetos en su boca, como por ejemplo cigarrillos, un dedo, una birome, etc., pues puede evidenciar inseguridad.

» Cruzar los brazos indica el deseo de interponer una barrera o la necesidad de adoptar una posición defensiva, insegura o negativa, téngalo en cuenta especialmente en las comunicaciones durante una crisis. Si alguien del público cruza los brazos, significa que piensa negativamente acerca de usted o de lo que dice y que le está prestando menos atención de la debida. En ese caso, intente recuperar su atención mediante un comentario, una pregunta o realizando algún cambio de tono o de contenido en su discurso. También cruzar los brazos a medias, como podría ser tocarse el puño de la camisa, el reloj o la muñeca representa una barrera y la búsqueda de seguridad.

» Al igual que los brazos, el cruce de piernas expresa negatividad o defensa.

» La conexión visual es sumamente importante. Cuando una persona está enojada o siente negatividad hacia otra persona sus pupilas se contraen. Rehusar la mirada del otro implica deshonestidad u ocultamiento, sin embargo mirar en forma sostenida durante más de dos tercios del tiempo puede significar desafío u hostilidad. En una ronda de prensa se recomienda mirar al periodista que lo entrevista de frente, haciendo foco en un triángulo imaginario ubicado en la frente de su interlocutor, sin bajar la mirada. Mirar por encima de los ojos puede resultar intimidatorio o que el receptor está siendo evaluado o juzgado. Cuando una persona se quita los lentes al hablar y se los coloca al escuchar al otro indica interés, permite un diálogo distendido y un nivel de control sobre la situación, indicando a la otra persona cuándo debe parar de hablar para escucharlo.

» Con respecto a la postura de la cabeza, hay dos indicadores a tener en cuenta: la cabeza inclinada hacia un lado significa que nuestro público escucha con interés nuestro discurso, la inclinación hacia abajo demuestra una actitud negativa o de oposición. Es importante mantener la misma dirección hacia el público en la cabeza y en el cuerpo, ya que enfocar hacia una persona con la cabeza y hacia otra dirección con el cuerpo puede evidenciar falta de interés y deseo de abandonar la situación. Cuando es el interlocutor quien adopta esta actitud debe interpretarse como una señal de que la conversación debe concluir.

» La ubicación de las manos puede demostrar hostilidad, agresión o desafío cuando se colocan en las caderas con el saco del traje abierto.

Revuelo ante la prensa: ¿vaso medio lleno o medio vacío?

Si bien no es común recibir "ataques" de la prensa durante las primeras etapas de un emprendimiento, es de gran utilidad disponer de herramientas para prepararse y aprender a transformar un posible escenario de crisis en una excelente oportunidad de comunicación.

A medida que una empresa crece tiene más relaciones con diferentes públicos, genera una interacción más intensa con cada uno de ellos y, por ende, existen más probabilidades de encontrarse frente a una crisis institucional, justamente por esta mayor permeabilidad con el contexto que la rodea.

Podemos entender una situación de crisis como un escenario desfavorable, que involucra íntimamente los valores primordiales de la empresa y deja expuesta su imagen ante los diversos grupos de interés, generando mensajes subliminales de mala reputación y desprestigio.

Es cierto que la crisis implica una señal de peligro para la empresa en sí misma, pero también en cierto que cada peligro puede ser tomado como una oportunidad para enfrentar la crisis con éxito, transformarla y volver a posicionar la imagen de la empresa, esta vez desde una posición de mayor solidez.

Las organizaciones capaces de superar una profunda crisis institucional no sólo se hacen más fuertes ante sus públicos externos reafirmando sus valores corporativos, sino que permiten un aprendizaje puertas adentro difícil de igualar, que consiste en evaluar la situación ocurrida, medirla y corregirla para no volver a cometer errores similares.

Las crisis institucionales son en realidad grandes oportunidades de demostrar ante los medios masivos de comunicación lo segura que está la empresa con respecto a sus productos o servicios y lo preparada que está para enfrentarlas y consolidar los valores primordiales de la compañía.

No hay que perder de vista que, ante una crisis, no sólo sufrimos el acoso de la prensa sino también la necesidad de mostrarnos ante una enorme cantidad de futuros prospectos. Dependiendo del manejo que se le da a la comunicación y del entrenamiento que reciban los voceros y altos directivos de la empresa, se podrán sortear los obstáculos, tomar la situación apremiante y convertirla en una excelente vía de comunicación positiva.

Las claves: serenidad, capacidad de reflexión, convicción en lo que se expresa verbalmente, congruencia con lo gestual y claros objetivos son los pilares para resultar creíbles, y para que el vaso se perciba medio lleno.

Cómo convertir una situación de crisis en una oportunidad para sumar imagen positiva

Con frecuencia, marcas prestigiosas o empresas que brindan información a la prensa se ven envueltas en algún tipo de escándalo mediático, aún sin tener responsabilidad directa sobre el tema.

Un buen especialista en comunicación sabrá cómo sacar rédito de estos acontecimientos
y convertirlos en excelentes oportunidades para mostrar públicamente la honestidad y buena fe de la institución.

Si estamos en los medios es por algún motivo: o bien nuestra marca es líder, nos diferenciamos notablemente del resto, o nos hemos convertido en referentes para algunos periodistas. En este último caso, la prensa tratará de ubicarnos para realizarnos consultas antes de una publicación sobre el tema o sobre el sector. Si nuestro lugar como referentes se sostiene en el tiempo, puede surgir el momento en que algún periodista "hable en nombre de nuestra empresa", aún sin habernos consultado.

Esta situación que se da con cierta frecuencia: conocida como *ruido en la comunicación*, genera un exceso de confianza unilateral que suele derivar en situaciones inesperadas que terminan tomando a la empresa por sorpresa, sin ser ésta la causal del problema.

Ya sea por una situación inesperada con los medios o por desventajas profundas del mercado, una crisis, lejos de representar una tragedia, es una oportunidad para salir a mostrar al mundo la transparencia y buen nombre de la empresa. Sólo hay que saber identificar la naturaleza de la crisis, el nivel de gravedad y contar con un equipo de comunicadores, no necesariamente experto en crisis, sino inteligente. La premisa fundamental de las acciones de comunicación durante las crisis debe apuntar a destacar aquellos aspectos en los que la organización es un modelo y cumple con todas las normas reglamentarias, además de minimizar "comunicacionalmente" sus debilidades.

Lo que no todos los empresarios saben es que no existen equipos expertos en crisis, ni siquiera los manuales de crisis terminan siendo efectivos en el 100% de los casos; porque como bien me enseñó un querido profesor universitario, Mariano Bronenberg[1] , cada crisis es diferente, no existe una igual a otra y por ende los manuales de crisis sólo pueden guiarnos para dar los primeros dos o tres pasos básicos, pero el éxito de la resolución de cada crisis en particular reside en el equipo de profesionales que conforma la organización.

Manejo de comunicación en crisis: caso Poder Volar

Días antes de terminar de escribir este libro, dos compañías emblema de la industria aerocomercial sufrieron la peor de las crisis institucionales que pueda esperarse. Una de ellas fue la protagonista del misterioso accidente del vuelo 447 de la empresa Air France con un Airbus 330, uno de los aviones más modernos de la actualidad.

En este contexto, un caso que puede servir de ejemplo para demostrar cómo manejar la comunicación en un contexto de crisis del sector es el que tuvimos con la compañía *Poder Volar*, una organización dedicada a brindar asistencia a pasajeros con miedo a viajar en aviones, liderada por el psiquiatra y querido amigo Claudio Plá.

En *Poder Volar*, Claudio junto a un equipo interdisciplinario de profesionales se dedican a brindar herramientas a personas que por algún motivo (malas experiencias en vuelo, estrés, fobias anteriores) experimentaban incomodidad

---

1. Coordinador de la carrera de Relaciones Públicas e Institucionales, Universidad Argentina de la Empresa.

o nerviosismo a la hora de abordar un vuelo o directamente no lograban subir a un avión por el temor que éste les genera.

En general, este tipo de personas con cierta resistencia a los viajes en avión, suelen ser ansiosos consumidores de toda información amarillista sobre accidentes y catástrofes aéreas que circula a su alrededor. Sucede que cuando un avión se cae, esta noticia sale en las primeras planas de los diarios porque la catástrofe también es noticia. Y esta información llega a justificar los miedos de estas personas que necesitan, de alguna manera, encontrar el motivo u origen de sus miedos, que son irracionales, ya que las estadísticas indican que el avión es el medio de transporte más seguro.

Más allá de los atentados del 11 de septiembre de 2001, momento en el cual *Poder Volar* tuvo mucho trabajo que hacer, cada vez que un avión presentaba dificultades de vuelo, había peligro de atentado, no funcionaban los radares en el Aeroparque Metropolitano Jorge Newbery o, peor aún, con el caso del singular accidente de Air France, para *Poder Volar* había una oportunidad de comunicación, claro que en un contexto de crisis.

En entornos de caos es cuando los periodistas están ávidos de noticias, casos y opiniones de profesionales expertos que puedan explicar qué es lo que sucede cuando se produce un hecho de estas características.

En esos momentos, tanto Claudio Plá como profesional, como sus "pacientes", fueron constantemente consultados ya que, además, es una de las pocas instituciones que reúne información concreta sobre la temática de por qué se genera el miedo a volar, cuántas personas lo padecen en Argentina, si existe tratamiento, testimonios, etc.

La estrategia que se implementó en este caso puntual con Poder Volar fue no impartir miedo o pánico brindando información certera sobre el funcionamiento del avión, sus sobrados sistemas de seguridad, comparando la cantidad de muertes que produce la navegación aeronáutica contra los medios de transporte terrestres y ayudando a las personas que sufren fobias a poder discriminar la información de los medios que les es de utilidad, de aquella que sólo hace hincapié en la catástrofe. Sucede que cuando un acontecimiento se repite sistemáticamente, pasa a formar parte de un paisaje familiar, por eso los accidentes de tránsito que son mucho más frecuentes y absolutamente más traumáticos, no nos generan la alarma y el miedo que nos genera un accidente de avión.

Su agente de prensa le hará una serie de recomendaciones para optimizar sus apariciones públicas ante la prensa.

Parte del trabajo de asesoramiento en comunicación que le puede brindar un profesional tiene que ver con todo lo relativo a cómo debe actuar el vocero de la empresa antes, durante y después de una aparición en los medios. Aquí la actitud corporal, el lenguaje y el cuidado de ciertos detalles son fundamentales para una performance exitosa.

» Recordar siempre que la comunicación no verbal comunica tanto como la verbal.

» Reforzar los mensajes a través de la postura del cuerpo.

» Adaptarse a la personalidad de sus oyentes.

» Expresarse con naturalidad para no dar la imagen de repetir de memoria un discurso ensayado.

» Medir la intensidad del tono y las palabras para no caer en exageraciones.

» No fingir. La conexión entre las palabras y los gestos delatan las contradicciones entre el discurso y el pensamiento.

» No sujetarse a técnicas de comunicación rígidas, dejar un espacio para la improvisación.

» Tener en cuenta que una postura corporal cómoda favorece la fluidez y transmite una imagen de confianza. Hombros relajados, brazos sin cruzar y manos a la vista son una forma adecuada para presentarse ante un auditorio.

» Si va a leer en un atril es conveniente que lo utilice como un sostén para sus papeles y no para descargar el peso de su cuerpo. Es correcto apoyar sus manos o antebrazos sobre él pero no agarrarse o descansar sobre el atril.

» Dirigir la mirada al público, bajar la vista sólo para leer eventualmente el texto de refuerzo ubicado en el atril.

» Realizar movimientos en forma lenta, evitar las posturas rígidas o estáticas, la repetición de gestos o ademanes y los cambios bruscos de posición.

» Sonreír naturalmente sin forzar. Evitar permanecer todo el tiempo serio.

» Prefiera la espontaneidad y algunos errores involuntarios antes que dar una imagen de seriedad o preocupación. El auditorio no espera que un especialista en un rubro comercial sea un orador elocuente, pero sí manifestaciones de franqueza, claridad y solvencia en el discurso.

» Dirigirse a todo el auditorio, en general y en particular, involucrando especialmente a quienes estén ubicados más lejos.

» Es recomendable hablar de pie y, de ser posible, ubicarse a mayor altura que el auditorio.

» Mantener una respiración pareja y suave.

» Ubicar los pies separados entre sí a una distancia cómoda, uno de ellos levemente más adelante que el otro, en una postura natural.

Antes del encuentro:

» Elegir el mejor lugar donde ubicarse, de modo que lo vean y lo oigan con claridad.

» Comenzar puntualmente.

» Para que lo vean y lo escuchen bien es necesario comprobar el buen funcionamiento de luces, micrófonos, parlantes y verificar cuál es la mejor distancia con el público.

» Chequear que no se realice otra comparecencia a la misma hora y que el público de su interés no esté invitado a la misma hora a otro evento.

» Escribir un esquema que le permita tener a la vista la idea principal y 4 ó 5 temas complementarios.

» Estar al tanto de los principales temas de actualidad y del sector.

» Establecer la duración del encuentro y manejar voluntariamente los tiempos, evitando el corte abrupto tanto como el exceso de duración.

» Evaluar la posibilidad de imprimir material para entregar a los presentes.

Con respecto al discurso:

» Ilustrar las explicaciones con casos, anécdotas o ejemplos.

» Transmitir la idea central del mensaje al principio, repetirla una o más veces durante la intervención y recalcarla al cierre.

» Prever preguntas posibles y tener preparadas las respuestas.

» Prever cómo resolver atascos o situaciones difíciles: actitudes, respuestas, re-preguntas.

» Utilizar un lenguaje sencillo y directo. Evitar rodeos y palabras incomprensibles para parte del auditorio. Conviene aclarar los términos técnicos que deban ser nombrados, excepto que el auditorio esté conformado por empresarios y/o periodistas especializados.

» Comunicar asertivamente a través de afirmaciones y no mediante frases negativas.

» Evitar muletillas y frases hechas.

» Durante el discurso, dirigirse al auditorio y no a la sociedad en general.

» Incluir pausas, silencios, repeticiones a modo de síntesis y preguntas dirigidas al auditorio.

» Recalcar y repetir las ideas centrales, si es posible destacando que lo está haciendo y no como una repetición involuntaria.

» Responder a las preguntas del público en forma directa y específicamente relacionada con el tema planteado. Ajustarse al tema de la interrogación sin ampliar con información complementaria y sin derivar el tema hacia otro foco.

» Recordar que el orador es quien debe adaptarse al público y no a la inversa.

» Reconocer abiertamente los temas que desconoce y ofrecer una respuesta luego de una investigación por su parte o brindar fuentes de donde obtener la información.

» No transmitir información confidencial si se espera que ésta no salga del círculo de su auditorio.

» Decidir de antemano de qué manera cerrar el encuentro y conducir el final hacia esa meta, en lugar de dejarse llevar por la intervención del público o por las circunstancias.

» Compartir públicamente los agradecimientos al inicio y al finalizar la exposición (a los organizadores, al público, a los medios, a los colegas, etc.). Luego del evento podrá mantener vivos los lazos con quienes asistieron reforzando su agradecimiento por mail o telefónicamente, mostrándose interesado en colaborar en todas las circunstancias que lo requieran.

Lo que no debe hacerse bajo ninguna circunstancia:

» Dar respuestas evasivas o dejar preguntas sin contestar.

» Dar un discurso largo y sin interrupciones que permitan la intervención del público.

» Contestar mediante monosílabos.

» Mostrar preferencia o indiferencia por alguno de los presentes.

» Ser descortés, aun cuando haya sido blanco de comentarios que lo desestiman frente al público.

» Hacer comentarios autorreferenciales. Es correcto hablar en primera persona sobre su empresa, no así sobre su persona.

» Prestar poca atención a las inquietudes del público.

» Hablar negativamente de personas, organizaciones o de la competencia, presentes o no durante el encuentro.

Cuando reciba la llamada telefónica de un periodista, recuerde:

» Estar siempre atento y disponible ante llamados y requerimientos; la prensa y las noticias no suelen esperarlo.

» Tomar nota siempre del nombre del periodista, el medio, la sección para la cual trabaja y cuál es el tema de la nota o consulta.

» Si bien es importante no dejar llamadas sin contestar y hacerlo lo antes posible, puede tomarse el tiempo que necesite hasta estar seguro de haber chequeado lo que va a transmitir.

» Estar siempre dispuesto a ampliar información, siempre y cuando se la tenga y esto no involucre un problema para con la empresa.

» Tener claras de antemano una o dos ideas centrales que quiera informar telefónicamente. Puede repetirlas durante la conversación para que sean registradas por el periodista como un posible titular de nota.

» Evitar discusiones bajo todo punto de vista. Reorientar la conversación siempre que se salga del carril que a usted le interesa.

Cómo actuar frente a preguntas hostiles:

» Reflexionar siempre antes de responder.

» No tomarlo como una afrenta personal. Por tratarse de una situación profesional se espera de usted que no forme parte de discusiones ni disputas. Simplemente limitarse a tomar las riendas y responder con calma y educación, sin dejarse impresionar por los modales ajenos.

» No perder nunca la calma ni la compostura.

» No justificarse ni dar explicaciones. Recordar que usted está para informar, no para satisfacer demandas.

» No evitar los silencios o las pausas naturales del discurso con sus interlocutores.

» Dejar afuera palabras negativas como: problema, grave, crisis, caos, miedo.

» Tomarse el tiempo necesario antes de responder.

» Recordar que lo que orienta la exposición son las respuestas, no dejarse influenciar por preguntas tendenciosas o comentarios hostiles.

» Un rumor o trascendido no es una afirmación ni una pregunta. Usted puede limitarse a intervenir sólo ante preguntas conducentes.

Algunos secretos para tener en cuenta:

» Ser directo y hablar sin rodeos. Los periodistas se manejan con tiempos ajustados y generalmente deben entregar la información en forma urgente.

» Propiciar vínculos positivos con la prensa. En algún momento le servirá como un aliado estratégico.

» Evidenciar poder de síntesis.

» Las anécdotas sobre situaciones similares dan un clima de confianza y despiertan la atención del auditorio.

» Además de responder, preguntar.

» Recordar y recalcar siempre el concepto principal del mensaje que se quiere dar, en cada oportunidad que se le presente.

Glosario[1]

Agencia de Noticias: son organizaciones recolectoras, productoras y distribuidoras de noticias. Existen agencias nacionales, dedicadas exclusivamente a responder los requerimientos de los periódicos de un país, y agencias internacionales, que cuentan con corresponsalías en varios países, que se encargan de suministrar información de relevancia mundial.

Agenda *Setting*: se conoce con esta denominación al fenómeno por el cual los medios masivos de comunicación influyen en los temas de los que se ocupa la opinión pública. Según esta hipótesis, las personas tienden a concentrarse en los puntos incluidos en el temario mediático, y a excluir de la discusión aquellos temas no tratados por los medios. Este presupuesto se encuadra en las teorías de la comunicación que reconocen efectos de los medios en las audiencias. También se traduce como "jerarquización de noticias" (McQuail), "canalización de los *mass media*" (Dader), "producción del temario periodístico" (López).

"Acerca de" (en las gacetillas): los datos que suele incluir el "*Acerca de*" o Boiler Plate es la información básica que permite conocer a la empresa en cuestión: quién es y qué hace, las actividades que realiza, los resultados de su último ejercicio fiscal, sus clientes, países en los que opera, dirección de su página web y demás información esencial para dar cuenta de la dimensión de la empresa de la cual se está hablando.

Análisis de Contenido: es el conjunto de técnicas de análisis de comunicaciones tendientes a obtener indicadores (cuantitativos o no) y objetivos de descripción del contenido de los mensajes. Estos son la base para realizar inferencias relativas a la condiciones de producción y recepción de los mensajes analizados. Los análisis de contenidos suelen concentrarse en los medios gráficos, dado que la estabilidad física de los textos escritos permite la búsqueda

---

1. La mayor parte de las definiciones de este glosario ha sido extraída de Wikipedia www.wikipedia.org.

de contenidos recurrentes y la constatación de hipótesis. La aplicación del análisis de contenido a los mensajes orales implica la transcripción de éstos.

Benchmarketing: metodología que promueve la incorporación en las empresas de prácticas y métodos exitosos, sin importar de qué organización o empresa provengan. Incita a ser creativos mediante la implementación de estrategias, productos y procesos aplicados en otras compañías, no necesariamente similares a la de su competidor. Lo que busca es la satisfacción de los requerimientos del cliente.

Branding: construcción y posicionamiento de una marca.

Business Process Reingeniering (BPR): pensar de nuevo la empresa luego de identificar los procesos críticos que hacen al éxito del negocio. Si el proceso clave es el servicio de atención de reclamos, se toman medidas tendientes a poner énfasis en él.

Blog: aunque en español suele utilizarse la misma denominación que en inglés, un Blog podría traducirse como una bitácora en Internet, actualizada periódicamente, por su o sus propietarios, que recopila información ordenada cronológicamente sobre un determinado tema o diversos temas de interés, guiados por un criterio determinado. Lo que diferencia al Blog del resto de los sitios informativos en Internet es que el o los autores conservan siempre la libertad de dejar publicada su opinión sobre los temas en cuestión. Es por este motivo que los Blogs tienen gran poder de influencia en la formación de la opinión pública.

Canal Formal: es aquel o aquellos establecidos por la compañía. Los mensajes fluyen en tres direcciones: hacia abajo, hacia arriba y hacia los lados. Hacia abajo: contienen información necesaria para que cualquier miembro del personal realice su trabajo; puede referirse a políticas y procedimientos, órdenes y peticiones que se transmiten al nivel adecuado de la jerarquía. Los mensajes hacia arriba son informes, peticiones, opiniones, quejas. Los que fluyen hacia los lados se transmiten entre diferentes departamentos, funciones o personas del mismo nivel en la empresa.

Canal Informal: surge en virtud de los intereses comunes entre las personas que se desempeñan en la compañía. Los rumores son un canal muy poderoso, tales mensajes con frecuencia están distorsionados, pero a menudo son más creíbles que los que llegan por canales formales y además se difunden más rápidamente.

Carpeta de Prensa: carpeta conteniendo documentos que tratan un tema específico, que se envía a una redacción. Puede incluir informes, estadísticas, opiniones, fotografías; es decir, todo lo que necesite el periodista para elaborar un artículo.

Co-Branding: dos marcas que se unen porque se complementan y generan juntas un valor agregado.

Comunicación Corporativa: es el conjunto de formas de expresión que presenta una organización. Prácticamente todos los actos cotidianos del comportamiento de una empresa son, en última instancia, actos comunicativos.

Comunicación Interna: en una empresa, la comunicación interna hace referencia a la comunicación dirigida al cliente interno, es decir, al trabajador o integrante de la empresa.

Coach/ Coaching: el verbo *to coach* significa entrenar. Es un método que consiste en dirigir, instruir y entrenar a una persona o a un grupo de ellas, con el objetivo de conseguir alguna meta o desarrollar habilidades específicas. Existen diversos métodos y tipos de *coaching*. Entre sus técnicas, puede incluir charlas motivacionales, seminarios, talleres y prácticas supervisadas.

Control de Gestión: proceso de control que utilizan las empresas para medir si el resultado real de la gestión responde a los parámetros establecidos por la dirección de la firma y si es razonable en comparación con los distintos indicadores de otra empresa del mismo sector.

Core/ Core Business: *Core* significa centro o corazón. Específicamente el *Core Business* de una empresa se refiere a una competencia distintiva, también llamada competencia básica, competencia esencial, o competencia clave, y conocida en inglés por Core Business o Core Competente. Se refiere, en gestión empresarial, a aquella actividad capaz de generar valor y que resulta necesaria para establecer una ventaja competitiva beneficiosa para la organización.

Corto Plazo: marco de referencia temporal para las acciones inmediatas. Comprende un lapso entre seis a dieciocho meses. Generalmente está reflejado en el período presupuestario anual.

Coyuntura: situación socio-económica al momento de efectuarse el análisis.

Cross Selling: venta cruzada de distintos productos a una cartera de clientes.

Cultura Corporativa: es un patrón de comportamiento que genera modalidades de creencia, pensamiento, acción y actúa como un organismo dentro de una organización. Es el conjunto de presunciones y valores compartidos por la mayoría de los miembros de la organización.

Customer Relationship Management (CRM): sistema de información que tiene como objetivo gestionar de forma óptima las relaciones con los clientes. Permite a los consumidores o usuarios contactarse con la empresa a través de cualquier canal. Suele constar de tres grandes módulos: Marketing, Ventas, Atención al Cliente.

Clipping: compendio de noticias aparecidas sobre un determinado producto, servicio o sobre la propia empresa en prensa escrita, radial, audiovisual o digital. Hace referencia al servicio por el cual se entrega al cliente un archivo con todas las publicaciones sobre la empresa aparecidas en los medios.

Diagnóstico Estratégico: determina cuáles son los principales problemas que aquejan a la sociedad u organización y los cursos de acción alternativos para su solución. Las herramientas utilizadas pueden agruparse en métodos cualitativos y cuantitativos.

Dominio (en Internet): es un nombre alfanumérico único que se utiliza para identificar en Internet a un sitio, un servidor web o un servidor de correo. Los dominios permiten a los usuarios de la red escribir un nombre para identificar una dirección electrónica totalmente formada por números. Mediante la utilización de los dominios, los usuarios conectados a Internet pueden encontrar sitios web y enviar e-mails sin necesidad de recordar las direcciones numéricas, que son las que localizan las computadoras o servicios en Internet.

Empowerment: dar potencia a los empleados de la organización (especialmente a los de niveles intermedios) para que puedan tomar más decisiones. Dotar de autoridad y control a los empleados para que tomen decisiones por sí mismos en la ejecución normal de sus tareas.

E-mail Marketing: es una forma de marketing directo que utiliza el correo electrónico como medio de comunicación comercial o comunicación de mensajes a una audiencia específica.

Entrepreneur: es la designación en inglés para emprendedor. Se denomina emprendedor o emprendedora a aquella persona que identifica una oportunidad y organiza los recursos necesarios para ponerla en marcha. Es habitual emplear este término para designar a una "persona que crea una empresa" o que encuentra una oportunidad de negocio, o a alguien que empieza un proyecto por su propia iniciativa.

Expertise: es la denominación en inglés para experiencia o, más específicamente, para especialidad. Se dice que tiene *expertise*, alguien que tiene cierta especialidad en algo puntual.

Estrategia: patrón o plan que integra los objetivos y políticas de una organización. Establece, además, una secuencia coherente de las acciones a realizar. Adecuadamente formulada, la estrategia pone orden y asigna los recursos de la organización, a efectos de lograr una situación viable y original, así como anticipar cambios en el entorno y las acciones imprevistas de los oponentes inteligentes.

Estrategia comercial: abarca el análisis y selección de mercados, la definición de objetivos comerciales y la combinación de instrumentos de marketing (producto, precio, distribución y promoción).

Estrategia de Posicionamiento: decide cuál es la forma más aconsejable de posicionar a una empresa o candidato, considerando las fortalezas y debilidades propias y las de las demás empresas o candidatos.

Focus Group: también conocida como sesiones de grupo, es una de las formas de los estudios cualitativos en la que se reúne a un grupo de personas para indagar acerca de actitudes y reacciones frente a un producto, servicio, concepto, publicidad, idea o embalaje. Las preguntas son respondidas por la interacción del grupo en una dinámica donde los participantes se sienten cómodos y libres de hablar y comentar sus opiniones.

Gacetilla: escrito breve por el que se comunica de manera objetiva, a un medio, hechos comprobables que pueden resultar de interés para la redacción a la que se envía.

Grupos de Influencia: los grupos de influencia pueden ubicarse en una sociedad, donde reciben el nombre de *grupos de interés, presión* o *grupos de tensión*. Cuando se encuentran dentro del Estado correspondiente a una determinada sociedad, hablamos de Factores de Poder. Un grupo de influencia se define también como un conjunto de personas que tienen una misma modalidad o intención.

Grupos de Interés: surgen cuando está en juego el propio interés. Estos grupos tienen técnicas de trabajo, distintas modalidades de acción entre las que se encuentran: a) Peticionar en función del interés; b) Generar campañas de opinión. Los grupos de interés surgen del pueblo, y por medio de campañas y/o peticiones buscan influenciar sobre el Estado o la opinión pública. Cuando el tema planteado no encuentra una respuesta positiva, el grupo asciende en su acción y se transforma en un Grupo de Presión.

Grupo de Presión: dentro de los grupos de presión se presentan tres esquemas de acción: a) Coacción directa (sobre el Estado); b) Coacción indirecta: (sobre la opinión pública); c) Financiación de partidos políticos. Cuando estos grupos no reciben una respuesta satisfactoria se transforman en Grupos de Tensión, en cuyo caso se produce una ruptura con la opinión pública.

House Organ: es un material de comunicación interna, generalmente en formato de periódico, producido por la empresa y destinado al público interno de la misma. Suele incluir temas de interés referidos a la actualidad y novedades de la empresa. Uno de los principales fines del *House Organ* es mantener comunicado al cliente interno de la empresa, es decir, sus empleados.

Head Hunter: literalmente, cazador de cabezas; metafóricamente, cazador de talentos, alguien que se ocupa de buscar a la persona más adecuada para cubrir un cargo vacante.

Identidad: es la esencia de una entidad, organización, grupo o pueblo. Es la verdad constituida por normas, valores, cultura, lenguaje de la organización. Un asesor puede crear una imagen, pero la identidad la define el cliente.

Identidad Corporativa: la identidad corporativa o identidad visual es la manifestación física de la marca. Hace referencia a los aspectos visuales de la identidad de una organización. En general incluye un logotipo y elementos de soporte, frecuentemente coordinados por un grupo de líneas maestras que se recogen en un documento de tipo Manual Corporativo.

Identidad visual: Es un conjunto de signos que traducen gráficamente la esencia corporativa. Estos elementos están regulados por un código combinatorio que determina la forma y los usos del logotipo, del símbolo, de los colores corporativos y del identificador.

Imagen: del latín *imago*, significa imitación o semejanza con la realidad. Una empresa es, para quien la percibe, la imagen que de esa empresa tiene esa persona. La imagen corporativa es la que un determinado público percibe de una corporación a través de la acumulación de todos los mensajes que haya recibido.

Imagen de Marca: conjunto de opiniones que los consumidores tienen sobre una marca en particular.

Imagen de Producto: manera en que los consumidores perciben un producto real o potencial.

Imagen Organizacional: manera en que un individuo o grupo consideran una organización.

Innovación: se concibe en un sentido amplio como la transformación de una idea en un producto o un servicio comercializable, un procedimiento de fabricación o distribución operativo, nuevo o mejorado, o un nuevo método de proporcionar un servicio. Gran parte de las innovaciones resultan de nuevas formas de combinar elementos ya conocidos o de la creatividad y el diseño en la concepción de los productos.

Innovación Organizacional (innovación en gestión): incluye cambios en la organización y gestión del establecimiento; modificaciones en la organización y administración del proceso productivo, incorporación de estructuras organizativas modificadas significativamente e implementación de orientaciones estratégicas corporativas nuevas o sustancialmente modificadas.

Innovación en comercialización: incluye comercialización de nuevos productos, nuevos métodos de entrega de productos, cambios en el empaque y embalaje.

Intranet: es una red privada corporativa de computadoras que utiliza tecnología Internet para compartir de forma segura cualquier información o programa del sistema operativo.

Issues Management: empleo de la comunicación de un acontecimiento concreto para reforzar el posicionamiento de la marca.

Junior: significa empleado pasante o auxiliar. Este término se aplicaba tradicionalmente para denominar a un empleado "aprendiz", aunque actualmente también se usa para denominar el nivel de experiencia de un ejecutivo: ejecutivo Junior o ejecutivo Senior. Este último tiene más experiencia que el anterior.

Know-How: el *know how* es el *saber hacer*. Describe, básicamente, la habilidad con que cuenta una organización para desarrollar sus funciones, tanto productivas como de servicios, aunque también incluye áreas como contabilidad y RR. HH., entre otras.

Largo Plazo: imagen prospectiva para las grandes decisiones y orientaciones sobre una gestión determinada. Comprende un período superior a diez años y no mayor de veinticinco años.

Lobbista: no se trata de un comunicador, sino que tiene la función de obtener resultados específicos favorables a su cliente por lo cual presupone el pago de honorarios, utiliza la información como un medio y no como un fin, informa a través de los medios de comunicación, se sirve de ellos como un instrumento para alcanzar los objetivos. La base de su actividad es la transmisión inteligente y persuasiva de conocimientos específicos sobre un determinado tema. La plataforma del profesional es: a) conocimiento de los operadores; b) conocimiento de la materia que se quiere transmitir; c) conocimiento del sector sobre el que se desea influir.

Logotipo: es un elemento gráfico, verbo-visual o auditivo y sirve a una persona, empresa, institución o producto para representarse. Los logotipos suelen incluir indicios y símbolos acerca de quienes representan.

Marketing Mix: mezcla de variables tácticas controlables por la empresa que se utilizan para producir el resultado deseado en el mercado objetivo.

Management: se refiere a la administración de empresas o ciencia administrativa. Se trata de una ciencia social que estudia la organización de las empresas y la manera como se gestionan los recursos, procesos y resultados de sus actividades.

Manual Corporativo: constituye una herramienta para el manejo de las directrices de presentación de los mensajes institucionales, como medio que garantice el respeto y la promoción de la identidad de la institución, en cada uno de los programas de información. En el Manual Corporativo se habla de la definición comercial de la empresa o marca, la actividad principal y secundaria de la empresa (definición del producto y características), el tiempo en el mercado y ubicación, tipo de mercado (clasificación), competencia, análisis de la imagen que posee, compatibilidad entre la imagen y el mercado (demostrado mediante encuestas), aspectos a mejorar, cómo y por qué; cómo, cuándo y dónde se deberá usar la imagen.

Manual De Identidad Corporativa: es la recopilación de la Imagen y la Identidad Corporativa, su función es la de facilitar a nivel global todo lo concerniente a la empresa u organización.

Merchandising: acciones y técnicas encaminadas a buscar la adecuada disposición del surtido de productos, mobiliario, medios, soportes publicitarios y promocionales dentro de los establecimientos de venta al público.

Mediano Plazo: marco de referencia para las acciones de mayor alcance contenidas en un plan. Comprende un período entre dos y cinco años.

Mentoring: mentor, tutor o consejero, efectúa el seguimiento del desarrollo profesional de una persona.

Minuta de Reunión: se refiere al resumen o punteo de los temas tratados en una reunión previa. Se utiliza generalmente para pasar en limpio las decisiones o acuerdos arribados luego de un encuentro entre partes. El objetivo es que todos los participantes de la reunión tengan en claro los temas tratados, las definiciones de dichos temas y los pasos a seguir.

Newsletter: es un boletín informativo o publicación distribuida de forma periódica, generalmente centrada en un tema principal del interés de sus suscriptores. La publicación del *newsletter* suele estar a cargo de empresas, organismos, instituciones, clubes y se dirigen a sus empleados o miembros.

Opinión Pública: intereses, deseos o forma de pensar de la población con respecto a temas de interés. Generalmente se conoce a través de encuestas e investigación de mercados. Según P. Aubig: expresión de un tema controvertido. Littre: lo que el pueblo en general piensa. Doob: Actitudes de los hombres reunidos en grupo alrededor de un tema central. Bayce: complejo de opiniones colectivas interesantes a la comunidad y como fuerza que despliegan las mismas opiniones hasta dominar a la mayoría. Sauvy: es una fuerza anónima, a menudo es una fuerza política que no está prevista por ninguna constitución. Hume: el gobierno se funda solamente en la opinión. Young: opiniones sostenidas por un público en un determinado momento. Ortega y Gasset: el mando es siempre el ejercicio de la autoridad, el cual se funda siempre en la opinión. El Estado es, en definitiva, Estado de opinión: una situación de equilibrio, de estática.

Outsourcing: cuando una organización contrata afuera un servicio que hasta el momento era interno. Por ejemplo, en lugar de tener un Departamento de Relaciones Públicas interno, contratar el servicio a una empresa especializada.

Packaging: o embalaje, es un recipiente o envoltura que contiene productos temporalmente y sirve principalmente para agrupar unidades de un producto pensando en su manipulación, transporte y almacenaje. En términos de marketing, el packaging juega un rol fundamental en la búsqueda de posicionamiento de ciertos productos y en el aumento de los niveles de venta.

Planeamiento/*Planning*: acción y efecto de planear, trazar un plan.

Planear: trazar o formar el plan de una obra. Hacer planes o proyectos.

Planificar: trazar los planos para la ejecución de una obra. Hacer plan o proyecto de una acción. Someter a planificación.

Planificación Estratégica: proceso de desarrollo y mantenimiento de la adecuación estratégica entre los objetivos y capacidades de la organización y las cambiantes oportunidades de mercadotecnia. Se basa en el establecimiento de una clara misión de la compañía, el apoyo a los objetivos, una firme cartera de negocios y estrategias funcionales coordinadas.

Políticas: reglas o guías que expresan los límites dentro de los que debe ocurrir la acción. Las políticas principales, las que orientan a la dirección general y la posición de la organización y que también determinan su viabilidad, se llaman políticas estratégicas.

Popularidad: es el reconocimiento público, carisma. Genera tótems o ídolos, por lo cual suele ser frágil su adhesión o duración. Indica tanto el aplauso como el descrédito. Popularidad no es igual a prestigio.

Post (**en internet**): *to post* significa enviar, publicar, mandar. Se refiere a la acción de enviar un mensaje a un grupo de noticias, red social o comunidad en Internet. Los mensajes incluidos en el servidor son llamados *"post"* (mensaje, artículo).

Performance: tiene relación con el rendimiento o desempeño. Tener una alta performance significa desempeñarse bien en determinada actividad.

Prensa Amarilla: o prensa amarillista, es aquel tipo de prensa sensacionalista que incluye titulares de catástrofes y gran número de fotografías con información detallada acerca de accidentes, crímenes, adulterios y enredos políticos. En los países de lengua inglesa, estos noticieros se llaman *"tabloides"* porque suelen tener un formato menor que el usual de periódicos serios.

Prestigio: reputación o estima.

Primicia: se refiere a una noticia que tiene la característica de ser muy actual. Para un medio de comunicación recibir una primicia significa obtener una información actual que ningún otro medio ha recibido aún, lo cual es mucho más interesante y valioso que una noticia ya conocida y difundida por otros medios. Sólo tiene carácter de primicia cualquier noticia que, por su absoluta actualidad, no fue difundida por otros medios previamente.

Pronóstico: estudio que muestra el desenvolvimiento de las actividades, en un período futuro previsto, de no mediar cambios en los instrumentos ni en los medios. El pronóstico identifica las variables externas que influyen sobre los problemas y determina los criterios que permiten proyectar la situación existente, siempre que se mantengan las tendencias actuales.

Readership: para los medios gráficos, es la cantidad de personas que leen un mismo ejemplar de la publicación. Se considera lector primario al que adquiere o recibe la publicación, y lectores secundarios a aquellos que la leen sin haberla adquirido, sea porque circula en el hogar o en el trabajo, o porque se pone a disposición de los visitantes (por ejemplo en las salas de espera). El lector primario permite calcular el ingreso por ventas. El lectorado, en cambio, es una referencia de los posibles contactos que tendrá una pieza publicitaria inserta en el medio.

Reportaje: texto informativo que incluye elementos noticiosos, declaraciones varias y descripciones ilustrativas. Dentro de esta categoría pueden mencionarse los reportajes de interés humano, de interés social, de interés noticioso, de opiniones o didácticos.

Reputación: valoración que surge de la comparación entre la imagen de una empresa y los valores que el individuo cree correctos sobre lo que debería ser y hacer esa empresa.

Responsabilidad Social Empresaria (RSE): puede definirse como la contribución activa y voluntaria al mejoramiento social, económico y ambiental por parte de las empresas, generalmente con el objetivo de mejorar su situación competitiva y valorativa y su valor añadido.

Ruido en la comunicación: se refiere a cualquier tipo de interferencia (física o circunstancial) que puede interferir en el fluido intercambio de información entre dos individuos, una organización y sus públicos, dos organizaciones, etc.

Segmentación: proceso de agregación que reúne en un segmento de mercado a personas que tienen necesidades semejantes o que comparten características sociodemográficas o de comportamiento similares.

Segmentación de Mercado: proceso de clasificación de clientes en grupos con distintas necesidades, características o comportamientos. Se divide un mercado en grupos de consumidores bien definidos que acaso requieran productos o mezclas de mercadotecnia distintas.

Soporte: elemento o vehículo que permite hacer llegar un mensaje a una audiencia. Cada parte que compone un medio. Por ejemplo, en la televisión (medio), cada uno de los canales (Canal 13, MTV) y, a su vez, los espacios del canal destinados a publicidad. Material o dispositivo destinado a soportar la información y a mantenerla de forma legible.

Spam: correo electrónico no deseado, también conocido como "correo basura". En términos de Email Marketing, el spam es aquel correo que fue enviado sin antes verificar la intención de su destinatario de querer recibirlo. Para que el envío de un email no sea considerado spam debería ser verificado y aceptado por su destinatario. En general, se refiere al envío de información publicitaria, institucional o de intereses propagandísticos.

Spot: película de corta duración que se emite entre diferentes programas de televisión. Anuncio publicitario breve.

Top Of Mind: lugar, ranking o posición que ocupa el nombre de una empresa en la mente de un individuo. Cuando se le pide a un individuo que enumere las 3 primeras empresas que se le vienen a la mente dentro de determinado rubro, la empresa que ocupa un lugar dentro de ese ranking está en el *top of mind* en la mente del público.

StakeHolders: interesados directos e indirectos de una empresa que, teniendo algún tipo de interés en las operaciones empresarias, le brindan su apoyo y ante los cuales la organización es responsable. Los stakeholders son grupos con poder real o potencial para influir en las decisiones gerenciales.

Start Up: se refiere a la etapa inicial de una actividad, empresa o emprendimiento.

Suplemento: Edición que acompaña a una publicación. En la prensa periódica suelen aparecer semanalmente suplementos sobre distintos temas de interés en días fijos.

Tablero de Control: es una metodología para organizar la información. Se refiere a los indicadores que, a través de su seguimiento y control periódico, facilitan información esencial sobre la empresa.

Target: público objetivo, conjunto de personas a los que se dirige la comunicación.

Trade Marketing: consiste en la aplicación de la gestión de marketing a los distribuidores. Esto es consecuencia de la voluntad por parte de los fabricantes de integrar objetivos e información con los distribuidores, a fin de obtener beneficios para ambos.

Ventaja Competitiva: característica de un producto o actividad de la empresa que es distintiva o superior con respecto a la competencia y que el cliente percibe como importante.

Venture Capital: dinero invertido por un grupo de inversionistas en un proyecto o negocio de alto riesgo, a cambio de un porcentaje de propiedad del negocio.

BIBLIOGRAFÍA

– Barquero, José Daniel: Manual de Relaciones Públicas Empresariales, Ediciones Gestión 2000, Barcelona, 1999.

– Bernays, Eduard: Cristalización de la Opinión Pública (Crystallizing Public Opinion), Boni and Liveright (New York), 1923.

– Black, Sam: El ABC de Las Relaciones Pública. Editorial Gestión 2000, 1997.

– Bonilla, Carlos: Comunicación como función de las Relaciones Públicas, Editorial Trillas, 2001.

– Butelman, Ida: Psicopedagogía Institucional (Una Formulación Analítica), Editorial Paidós, 1988.

– Colombo Daniel: Sea su Propio Agente de Prensa, Editorial Norma, Buenos Aires, 2004.

– Costa, Joan: El Dircom hoy, Costa Punto Com Editor, Barcelona, 2009.

– Costa, Joan: Imagen Corporativa en el Siglo XXI, Costa Punto Com Editor, Barcelona.

– Costa, Joan: La Imagen de Marca, Costa Punto Com Editor, Barcelona, 2003.

– Pease, Alan: El lenguaje del cuerpo, Editorial Sudamericana, 1987.

– Ries Al; Ries Laura: La caída de la Publicidad y el auge de las Relaciones Públicas, Ediciones Urano, 2003.

– Sartori Giovani: Homo Videns: La Sociedad Teledirigida, Editorial Taurus, Madrid, 1998.

– Villafañe, Justo: Imagen Positiva. Gestión estratégica de la imagen de las empresas, Editorial Pirámide, 2002.

Sitios Web de Referencia
www.alacaurp.org
www.prineurope.com
www.globalpr.org
www.ipra.org
www.fapra.org
www.emprendedoresnews.com
www.relacionespublicas.com
www.rrpp.org.ar
www.publicasonline.com
www.RRPPnet.com.ar
www.eblog.com.ar
www.fromdoppler.com
www.podervolar.org
www.taringa.net
www.piacere.com.ar
www.prideas.com.ar

Revistas de Referencia
Revista Imagen
Revista Dircom
Revista Target

Universidades argentinas donde se puede estudiar la Licenciatura en Relaciones Públicas
Universidad Argentina de la Empresa - UADE
Universidad del Salvador - USAL
Universidad de Ciencias Empresariales y Sociales - UCES
Universidad Argentina "John F. Kennedy"
Universidad Nacional de Lomas de Zamora
Universidad de Morón
Universidad Nacional de La Matanza
Universidad CAECE
Universidad de Palermo
Universidad de Belgrano
Universidad de la Marina Mercante
Universidad Católica de la Plata (UCALP)
Universidad Empresarial Siglo 21
Universidad Católica de Salta.
Universidad Austral